글을 쓰자,
세상을 바꾸는
글을 쓰자

허균과 벗들의 홍길동전 이야기

글을 쓰자,
세상을 바꾸는
글을 쓰자

정은숙 글 ― 김선배 그림
전국초등사회교과모임 감수
서울대 뿌리깊은 역사나무 추천

옥토북

차례

황모필 인연 6

운종가의 왈짜패? 19

목숨 걸고 지킨 어진 32

불안한 세자 45

새로운 임금 56

피를 나눈 아들임에도 64

면경 속 세상 79

윤리를 넘어서는…… 93

죽어도 같이 죽고 살아도 같이 살자던 그 맹세 108

역모 사건 120

세상 속으로 131

깊이 보는 역사 - 『홍길동전』이야기 147

작가의 말 156

참고한 책 158

황모필
인연

　큰 시험을 앞두고도 허균은 떨지 않았다. 다리 한쪽을 까불거리며 휘파람까지 불었다.
　"아휴, 사람들 눈도 있는데 어찌 이러세요. 도련님은 떨리지도 않으세요?"
　주위 눈치를 살피던 갑돌 아범이 허균의 입을 틀어막았다.
　"떨릴 게 뭐 있어? 공부라면 자신 있는걸!"
　허균이 어깨를 으쓱했다. 뻐길 때면 나오는 행동이었다. 갑돌 아범은 못 말린다는 듯 고개를 흔들었지만 허균에 대한 자랑스러움을 감추지 못하고 빙그레 웃었다.
　허균은 다섯 살에 자치통감을 읽고 아홉 살에 시를 지었다. 한양에서 아니 조선에서 제일 영특할 거라 칭찬도 많이 들었다. 게다가 반듯한 이

마와 곧은 콧대는 누가 봐도 선비의 얼굴이었다. 하지만 호기심이 많아 뚜렷뚜렷 굴리는 눈동자와 기분에 따라 휘파람을 불어 대는 입은 종종 말썽을 일으켰다.

"우리가 살고 있는 땅 위에는 조선이란 나라만 있고, 이곳이 세상의 중심이라 여겼다네. 그런데 명나라도 있고, 왜도 있고 또 다른 나라도 있다더군. 가끔은 그곳의 사람들이 어찌 사는지 몹시 궁금해진다네."

아랫사람이라 무시할 법도 하건만 허균은 갑돌 아범에게도 공부한 것을 조곤조곤 설명해 주었다. 조선을 넘어 먼 세상을 꿈꾸는 모습은 갑돌 아범마저 가슴 설레게 만들었다. 저렇게 글자를 들여다보면 세상의 이치를 알게 되나? 갑돌 아범은 종종 허균의 책 읽는 모습을 넋 놓고 바라보곤 했다. 그만큼 허균은 책을 좋아했다. 장난칠 때의 모습은 온데간데없이 서안 앞에 몇 시간이고 앉아 있었다. 무더운 여름, 사랑채의 문을 활짝 열고 글을 읽을 때는 얼굴에서 빛이 났다.

"아, 이런 뜻이었구먼. 이제 알겠네!"

스스로 깨달음을 얻을 때면 손뼉을 치며 좋아했다.

"균아, 자중하거라. 보는 눈이 있는데 부끄럽지도 않으냐?"

허균의 어머니는 그런 모습에 혀를 찼다. 아버지가 일찍 돌아가신 탓에 터울 많이 지는 형과 누나에게 귀여움만 받아 철이 없다며 걱정이 많았다.

"학이시습지(學而時習之)면 불역열호(不亦說乎), 배우고 때로 익히면 즐겁지 아니한가, 공자님도 말씀하셨습니다. 몰랐던 것을 알게 됐으니 얼마나 기쁜 일입니까? 소자, 그 기쁨을 표현하려고 박수를 친 것입니다."

허균의 대답에 어머니는 잠시 생각에 잠겼다. 그렇지만 그냥 넘어갈 분도 아니었다.

"이제 나이도 있고 부인도 얻었는데 행동을 조심해야지. 경망스럽게 손뼉을 마주치면 아랫것들이 뭐라 수군거리겠느냐?"

어머니가 미간의 주름을 세웠다. 마땅치 않다는 표현이었다.

"어머님, 마음을 표현하는 게 무슨 큰 죄랍니까? 손뼉 치는 소리가 나쁜 것도 아닌데요."

여간해선 허균의 말재간을 당할 수가 없었다.

허균은 흥도 많았다. 어떤 날은 글을 읽다가 덩실덩실 춤을 추기도 했다. 가끔은 그런 모습을 보고 갑돌 아범이 장난을 걸기도 했다.

"도, 도련님, 큰 마님 오십니다!"

갑돌 아범의 급한 목소리가 들리면 허균은 눈 깜짝할 새 서안 앞으로 자리를 옮겨 아무 일도 없는 듯 낭랑한 목소리로 글을 외웠다.

"인부지이불온(人不知而不慍) 불역군자호(不亦君子乎)라, 남이 나를 알아주지 않아도 노여워하지 않음이 또한 군자가 아니겠는가? ……그런데 어머님이 어디 오셔? 예끼, 이 사람아! 급하게 앉느라 엉덩방아를 찧었잖은가. 노여워하지 않은 게 군자라지만 나는 자네에게 엉덩방아 값을 좀 받아야겠네. 얼른 부엌에 가서 행랑어멈 모르게 떡 한 덩이라도 갖다 주게."

장난의 대가로 짓궂은 심부름을 시키기도 했지만 허균은 떡을 갈라서 언제나 큰 쪽을 갑돌 아범에게 내밀었다.

"마다하지 말게. 힘쓰는 사람이 큰 걸 먹는 게 맞는 일일세."

허균은 아랫사람의 수고를 잘 알아 챙겼다. 집안 어른들은 가벼워서 큰일이라 걱정했지만 갑돌 아범 눈에는 허균이 구름처럼 포근한 성품으로 보였다.

성균관 명륜당 앞에는 긴장한 얼굴의 선비들로 가득했다. 아는 문제가 나와야 할 텐데…… 이번엔 꼭 합격해야 하는데…… 간절한 바람을 가진 사람들과 다르게 허균이 걱정하는 건 뜨거운 햇볕이었다. 더위에 고생 좀 하겠는걸 생각하는 순간 허균 옆에 서 있던 선비가 휘청했다.
"괜찮으십니까?"
황급히 선비를 붙들었다. 긴장을 한 탓인지 선비의 얼굴이 해쓱했다. 선비가 몸을 바로 세우며 감사의 인사를 건넸다. 눈이 퀭하고 볼이 쏙 들어갈 정도로 마른 사내였다. 선비의 입가에 핀 허연 버짐이 허균의 눈에 들어왔다.
'나보다 열 살은 위로 보이는걸. 어려운 형편에 오랫동안 글공부를 했나 보군.'
낡은 도포 자락도 짐작에 한몫을 더했다. 휘청거렸던 게 무안한지 자리를 옮기려 하자 허균이 떠나려는 선비의 팔목을 잡았다.
"이번 시험은 필히 거자*께서 장원을 하실 것입니다. 무슨 공부를 건강까지 해치며 하셨습니까?"
허균의 농담에 선비가 얼굴을 붉혔다.
"아범, 거자께 떡과 물 좀 챙겨 드리게."
기운을 차려야 시험을 치룰 수 있을 터였다. 갑돌 아범이 먹을 것을 건네자 선비가 손사래를 치며 사양했다.
"아닙니다. 거자께 이런 폐를 끼칠 수는 없습니다."
"넉넉하게 챙겨 왔으니 받아 주십시오. 그리고 이건 공짜가 아닙니다. 혹여 거자께서 조정의 높은 자리에 앉아 계실 때 잘 봐 달라는 뇌물이니 꼭 받아 주셔야 합니다."

---

* 과거에 응시하는 사람.

　허균이 껄껄 웃자 선비가 마지못해 떡을 받았다. 자존심에 제대로 먹겠나 싶었는데 허기 앞에 장사가 없는지 선비는 떡 한 덩이를 순식간에 입속으로 우겨 넣었다. 허균이 병에 담아 온 물을 건네며 천천히 드시라 만류할 정도였다. 짧은 요기를 하고 난 선비의 얼굴이 아까보다 훨씬 좋아 보였다.

　"도련님, 이제 이름을 부르나 봅니다."

　관리가 나와 녹명소*에 접수한 사람들의 이름을 불렀다.

---

* 과거 시험을 접수하는 곳.

"거자께서도 실력 발휘 잘하십시오."

허겁지겁 먹고 난 선비가 허균에게 인사를 하고는 앞쪽으로 자리를 옮겼다.

시험장 역시 거자들로 빽빽했다. 허균은 간신히 그늘진 곳을 찾아 앉았다.

"아니, 거자께서도 여기에 자리를 잡으셨습니까?"

익숙한 목소리에 고개를 돌리니 아까 떡을 얻어먹은 선비가 옆에 있었다. 허균은 가볍게 인사를 나눈 뒤 붓과 벼루를 정리했다. 다른 때라면 거자와 잡담이라도 나누었을 텐데 막상 시험장에 들어오니 허균도 바싹 긴장이 되었다.

이윽고 앞쪽에 높은 관리들이 등장하고 시제*가 걸렸다. 허균이 눈을 찡그려 앞의 문제를 보았다. 시제를 보고서야 마음을 놓았다. 갑돌 아범과 둘만 있었다면 씰룩씰룩 엉덩이라도 흔들 정도로 쉬운 문제였다. 시제에 맞는 글을 생각하는데 옆에서 소리가 들렸다.

"아이고, 어찌 이런 일이······."

옆을 힐끔 보니 선비가 경황없이 서둘렀다. 자세히 살피자 선비의 붓대가 부러져 있었다. 선비가 가진 붓도 한 자루 뿐이었다.

허균은 자신의 앞에 놓인 세 자루의 붓을 바라봤다. 그중에서 황모필이 가장 눈에 띄었다.

---

* 과거 시험의 제목.

"족제비 털로 만든 붓이란다. 부드러워서 해서체 쓰기에도 좋을 게다."

시험에 합격하라며 큰 형님이 선물한 붓이었다. 허균은 망설이지 않고 황모필을 집어 선비 쪽으로 또르르 굴렸다. 큰 형님이 빌어 준 합격 기원까지 가난한 선비에게 주고 싶었다. 그리고 부정행위를 감시하는 봉미관*이 돌아다니는 터라 입 모양으로만 말했다.

'시험 잘 보십시오.'

다른 선비들은 종이에 연습이라도 하는 모양이었지만 허균은 곧바로 시험지에 쓰기 시작했다. 언제 떨었나 싶게 집중해서 답을 적었다. 생원시는 꼭 해서체로 써야 했다. 종이에 반듯한 해서체 글씨가 줄줄이 이어졌다. 한참 답을 써 가는데 앞으로 종이 뭉치가 툭 떨어졌다. 이게 뭐지 싶어 주위를 둘러보는데 선비가 눈을 찡긋했다.

'내 이름은 이이첨이오. 내일 신시 수표교 옆 주막에서 봅시다.'

붓을 돌려주겠다며 선비가 보낸 편지였다.

허균은 가장 먼저 수권소**에 시험지를 던지고 나왔다. 아직 시험을 끝낸 거자가 없어서 그런지 바깥은 한산했다.

"도련님, 벌써 나오신 겁니까?"

갑돌 아범이 놀라서 묻자 허균은 짐짓 심각한 표정을 지었다. 그러자 허균의 표정을 본 갑돌 아범이 시험을 망친 거냐며, 답을 쓰긴 썼냐며

---

* 응시자들의 답안지 서명란에 봉인을 붙이거나 떼는 일을 담당한 관리.
** 답안지를 내는 곳.

애를 태웠다.

"답을 썼으니 나왔지. 어떤 답을 썼냐면 말이지, 이렇게 썼네."

허균이 심각한 표정을 풀고는 입술을 모아 신나게 휘파람을 불었다. 아이고 도련님, 하며 타박은 했지만 갑돌 아범도 마음을 놓은 눈치였다.

"다 아는 문제였어. 글씨도 틀리지 않고 잘 써서 냈네."

허균의 첫 시험은 그렇게 시시하게 끝났다.

결국 선비는 주막에 나오지 않았다. 탁주를 시켜 놓고 이제나저제나 마냥 기다리던 허균이 일어선 건 약속 시간인 신시를 훨씬 지난 후였다.

"이이첨이라고 하셨죠? 주막 주인도 모르는 사람이라네요. 그자를 어떻게 찾는대요? 동네방네 이름 부르며 찾아다닐 수도 없고. 그러니까 다음부터는 없는 것들한테 함부로 인심 베풀지 마세요."

갑돌 아범은 그럴 줄 알았다며 옆에서 툴툴거렸다.

"돌려줄 마음이 없었다면 왜 일부러 쪽지를 보냈겠나?"

허균도 기분이 상했지만 갑돌 아범 앞에서 내색하고 싶진 않았다.

"처음엔 돌려줄 마음이 있었겠죠. 그런데 사람 마음이 어디 그런가요? 말 타면 종 부리고 싶다고 그 형편에 황모필이 얼마나 탐났겠어요? 그래도 그렇지, 쓰러질 뻔한 양반을 떡이라도 먹여 시험장에 들여보냈더니 은혜를 원수로 갚아?"

큰 형님에겐 미안했지만 붓이야 안 받아도 그만이었다. 하지만 믿었던 사람에게 속았다는 배신감에 허균은 마음이 씁쓸했다.

"못 올 사정이 있었겠지."

큰 형님 심부름으로 황모필을 사 왔다고 하니 갑돌 아범은 붓 값이 제법 나간다는 걸 잘 알고 있었다. 그래서 그런지 입이 가벼운 사람도 아니건만 유난히 투덜거렸다.

"도련님은 그 선비 얼굴이 기억도 안 나시죠? 콧방울은 넓적하고 입술은 붓으로 그린 듯이 아주 얄팍해요. 콧방울이 넓은 건 욕심이 많다는 것이고, 입술이 얇은 건 말에 믿음이 없다는 거예요. 얼굴만 봐도 딱 알겠던데 도련님은 그저 속없이 아무나 믿는다니까요!"

가뜩이나 심사가 고약한데 갑돌 아범이 부추기자 허균은 결국 역정을 내고 말았다.

"그럼 사람을 안 믿고 소나 돼지를 믿어야 하느냐?"

허균의 성난 얼굴을 본 갑돌 아범이 그제야 입을 다물었다. 아차 싶었지만 그래도 작은 소리로 한 마디 더 보탰다.

"가끔은 사람이 소나 돼지보다 무섭기도 한걸요."

물론 그 소리는 허균이 듣지 못했다. 도포 자락을 날리며 주막을 빠져나가는 허균의 그림자가 달빛에 길게 비쳤다.

운종가의
왈짜패?

급하게 먹은 술이 확 올랐다. 아니, 서너 시간 동안 둘이서 탁주 한 주발 비운 거니 급하게 먹지는 않았다. 차라리 쓰린 맘에 취했다는 것이 맞았다.

어린 시절 서당에서 동문수학했던 친구였다. 그 친구가 과거에 합격했다며 술을 샀으니 기분 좋은 자리였다. 분명 기분 좋은 자리였는데 심우영은 우울했다. 친구의 합격을 축하해 주지 못하는 옹졸한 사람이라고 손가락질 받아도 어쩔 수 없었다. 하지만 친구를 시샘하는 건 아니었다. 그저 자신의 처지가 한탄스러웠다. 심우영은 친구를 축하하기 위해 억지로 웃었다.

"자네가 나보다 학문이 더 깊다는 건 잘 알고 있네. 그런데 과거도 볼 수 없으니 얼마나 답답할 텐가……."

심우영은 허허 웃으며 술잔을 들이켰다. 쓰디쓴 불덩이가 목구멍을 넘어갔다. 친구의 말처럼 심우영은 과거에 응시할 수 없는 서자의 신분이었다. 본부인이 아닌 두 번째 세 번째 부인의 자식들은 과거를 볼 수 없다는 것이 이 나라의 법이었다.

"차라리 다른 부인을 얻지 못하게 법을 만들 것을…… 그렇지도 않으면서 서자들에게만 차별을 강요하니 이게 말이 되는가?"

얼굴이 불쾌해진 친구가 술잔을 쾅 내려놓았다. 그 탓에 주변의 사람들이 심우영을 힐끔 쳐다봤다.

"나만 그런 것도 아니고 어쩔 수 없는 일 아닌가."

심우영은 덤덤히 대답했다. 자존심을 지키고 싶었다. 주위의 차가운 시선보다 친구의 동정 어린 눈빛이 더 싫었으니까.

"그래, 이번 과거의 시제는 무엇이었나?"

심우영의 질문에 친구가 돌연 얼굴에 활기를 띠었다.

"지난번에는 분명 아는 문제였는데 기억이 가물가물해서 답을 못 적어 냈다고 하지 않았나. 내 이번엔 꼭 합격하리라 결심하고 밤낮으로 죽어라 쓰고 외웠다네. 그랬더니……."

친구는 이번 시험도 어렵게 치렀다는 이야기를 장황하게 늘어놓았다. 시제는 심우영도 아는 거였다. 만약 과거를 봤다면 자신도 합격했으리라. 그러나 현실 속에 '만약'은 없었다.

심우영은 허허 웃으며 오호라, 무릎을 치면서 친구의 이야기를 끈기 있게 들었다. 심우영의 반응에 친구는 더 신이 나서 목소리를 높였다.

오늘의 주인공은 과거에 합격한 친구였다. 그러나 친구여, 한 번도 세상의 주인공이 될 수 없는 무기력한 이 사내의 마음을 자네는 짐작이라도 할 수 있겠는가?

"도련님보다 뒤에 서 있어야 하느니라, 도련님보다 목소리가 커서는 안 되느니라, 길에서 도련님을 만나면 허리를 굽혀 인사를 해야 하느니라."

같은 아버지의 자식임에도 정실부인의 품에서 태어난 도련님과는 하늘과 땅 차이로 많은 차별을 받아야 했다. 어렸을 때부터 지겨울 만큼 듣고 외웠던 사실이었다.

과거, 출세, 벼슬…… 심우영에게는 먼 이야기였다. 이야기를 듣는 동안 연거푸 술잔을 들이켰다. 체념과 포기라면 자신 있다 여겼는데 술맛이 지독하게 쓴 걸 보면 아직 익숙해지지 않은 모양이었다.

한참 동안 혼자 떠들어 댄 게 무안한지 친구가 심우영에게 넌지시 물었다.

"그나저나 아직 좋은 소식은 없는가?"

친구가 말하는 좋은 소식은 임신이었다. 결혼한 지 몇 년이 지났지만 심우영 부부에게는 아이가 없었다. 그래서 어른들의 걱정이 컸지만 심우영은 내심 다행으로 생각했다. 서자의 운명을 자식에게까지 물려주고 싶지는 않았다.

생각하면 할수록 억울했다. 자신이 서자이기 때문에 차별을 당하는 것은 법이 정한 것이니 아무리 분해도 인정했지만 자신과 정식으로 결혼한 부인과의 사이에서 난 아이는 분명 서자가 아님에도 아비의 신분을 따라 서자로 굳어졌다. 말도 안 되는 법이었다. 하지만 무기력한 사내의 힘으로 바꿀 수 있는 건 하나도 없었다.

"내 좋은 자리에 가면 또 한턱내겠네."

친구가 호탕하게 웃으며 심우영의 손을 맞잡았다. 같이 공부할 때도 자신이 더 뛰어나다고 생각했지만 기회는 친구에게만 주어졌다. 그것이 세상의 이치였다.

돌아가는 친구의 모습을 지켜보던 심우영의 눈가가 뜨거워졌다. 갑자기 친구가 돌아서더니 팔을 높이 들어 흔들어 댔다. 풀이 죽은 친구를 위로해 주려 술김에 장난을 치는 거였다. 친구의 큰 손바닥이 좌우로 왔다 갔다 했다. 분명 인사를 하는 손동작임에도 심우영 눈에는 자네는 안 된다는 거절의 뜻으로 보였다.

'이리도 옹졸하구나. 참으로 못났구나……'

케케묵은 자책의 마음이 올라왔다.

가진 돈도 없으면서 괜히 운종가를 어슬렁거렸다. 상점이 자리를 잡으면서 운종가는 언제나 사람들로 북적였다. 심우영은 책지, 장지, 화초지를 파는 지전 앞에서 발걸음을 멈추었다.

'저 두툼한 종이에 먹물로 글씨를 쓰면 근사할 텐데……'

심우영 형편에 종이는 사치품이었다. 어려운 글도 척척 해석하고 시도 곧잘 지었지만 그 모두가 쓸모없었다.

"나리, 뭐 필요한 게 있으십니까?"

장사치가 싹싹하게 말을 걸었다. 심우영은 잘생긴 남자는 아니었지만 얼굴이 희고 얌전한 인상이었다. 게다가 호리호리한 몸매에 걸친 도포가 제법 잘 어울려 모르는 이가 보면 돈푼깨나 있는 양반으로 보였다. 어디 가서 기죽지 말라며, 어려운 형편에도 비싼 옷감을 끊어 아내가 지어준 도포 자락이 주인의 착각을 도운 거였다.

'사람 잘못 보셨습니다, 저는 돈 한 푼 없는 구경꾼이랍니다.'

미안한 웃음을 지으며 뒤로 물러서는데 장사치가 심우영의 소매를 붙들었다.

"그냥 가시면 제가 서운합지요. 구경은 돈 안 받으니 맘대로 보십시오."

지전 주인의 장사 수완이 좋았다. 만약 몇 푼이라도 있었으면 종이를 집어 왔을 터였다.

'어차피 써먹지도 못할 글공부는 왜 그리 파고들었을까? 차라리 저렇게 장사하는 것이라도 배웠으면 배라도 곯지 않을 것을…….'

면전을 지나는데 이번에도 주인이 심우영을 향해 인사를 건넸다.

"명나라에서 가져온 최고급 옷감이 있습니다. 구경도 환영입니다."

난생처음 보는 자신을 향해 웃음을 흘리는 면전 주인의 태도에 심우영은 깜짝 놀랐다.

'낯선 이를 향해서도 웃음을 지을 수 있는 건 어떤 마음일까? 저이는 왜 자신감이 넘칠까?'

면전만이 아니었다. 쌀을 파는 상미전에서도 주인은 적극적으로 손님을 불러 모았다. 이것이 그들이 살아가는 방법이었다. 심우영은 갑자기 눈시울이 뜨끈해졌다.

'나는 무엇을 할 수 있을까? 저들도 쓰임이 있는데 나는 아무것도 할 수 없구나.'

공부를 했어도 과거를 볼 수 없는 자신의 처지가 저이들보다 못하단 생각에 심우영은 울컥해졌다. 아무리 그래도 사내대장부가 어찌 눈물을 보이나 싶어 슬그머니 소매 자락으로 눈가를 닦았다. 부끄러움에 보는 이가 없나 둘러보는데 자신을 빤히 쳐다보는 낯선 시선과 딱 마주쳤다.

왜 나를 뚫어지게 쳐다보는 걸까, 사내대장부가 우는 모습이 주책으로 보였겠지 싶어 심우영은 아닌 척 뒷짐을 지고 천천히 걸었다. 아무 일 없다는 걸 보여 주고 싶었다.

수표교 입구에서 어디로 갈까 둘러보는데 아까 자신을 쳐다보던 사내가 또 보였다.

'이제까지 나를 따라왔단 말인가? 왜?'

팔에 으스스 소름이 돋는 순간 고개를 홱 돌렸다. 그 눈빛과 마주칠 자신이 없었다.

'어인 이유로 나를 따라왔을까? 분명 이 도포 때문에 돈푼이나 있는 양반네로 알았을 게야. 게다가 취해서 비틀거렸으니 얼마나 허술해 보였을까?'

이런 자신을 노리는 건 시장통의 왈짜패 밖에 없었다.

심우영이 다시 뒤를 돌아보았다. 사내는 아직도 자신을 빤히 쳐다보고 있었다. 게다가 이제는 자신을 향해 대놓고 웃기까지 했다.

'어찌 저리 뻔뻔할 수 있을까?'

정신을 똑바로 차려야 했다. 심우영은 술기운이 도는 와중에도 정신을 차리려 고개를 흔들었다. 그런데 이상했다. 왈짜패치고는 사내의 옷차림이 얌전했다. 걸음이 느려 도망갈 수도 없기에 심우영이 먼저 말을 걸었다.

"저 뉘신지…… 혹여 저를 아시는지요?"

사내가 대답도 않고 그저 빙긋이 웃었다. 아니, 이자가 뭐하자는 건가 싶어 기가 막히는데 그때 사내 뒤편에 숨어 있던 여인이 나타났다. 여인이 뒤집어쓴 장옷을 살짝 걷어 내며 심우영에게 인사를 건넸다.

"혹시 저를 기억하실는지……."

조용하게 말하는 여인을 보자 밀려들던 술기운이 한꺼번에 날아갔다.

얼결에 사내와 여인의 집으로 따라왔지만 뭐라 말을 꺼내야 할지 몰랐다. 그보다 뭐라 불러야 할지 호칭부터 막막했다. 장옷을 뒤집어쓴 여인은 심우영의 조카였다. 아니, 조카라 불러도 될지 애매했다. 심우영의 아버지는 전 왕실에서 감사까지 지낸 심대감이었고 장옷을 입은 여인은 심대감의 외손녀였다. 외손녀라고는 하지만 심대감이 워낙 나이 들어 심우영을 얻었기에 둘 사이에 나이 차는 많지 않았다. 게다가 그녀는 서자인 심우영과 입장이 다른 정실부인 쪽 사람이었다.

어릴 적 그녀는 외가에 들를 때마다 심우영을 향해 샐쭉 웃으며 인사했다.

"외삼촌, 안녕하셨어요?"

머슴과 비슷한 방에 머무르며 눈칫밥을 먹고 있으니 심우영의 처지를 모르지도 않았을 텐데 그녀는 언제나 먼저 인사를 챙겼다. 그럴 때마다 심우영은 어쩔 줄 몰라 하며 그녀보다 더 깊이 고개를 숙여 맞인사를 했다. 그런데 어느 날 그녀가 심우영에게 인사 챙기는 것을 본 안방마님의 호령이 떨어졌었다.

"이게 무슨 짓이냐? 아랫것한테 인사를 하는 경우가 어디 있더냐? 반상의 도리를 져버려도 유분수지……."

그 뒤부터 그녀는 심우영을 보고도 인사를 하지 않았다. 하지만 그녀가 심우영을 무시해서 그리한 것은 아니었다. 반상의 도리 운운하며 안방마님이 노발대발했던 날 그녀보다 심우영은 더 크게 혼쭐이 났다.

"갈 곳도 없는 처지라 먹여 주고 재워 줬더니 어디서 양반 노릇을 하려 드느냐? 배은망덕이 따로 없지, 네가 대감의 은혜를 이리 갚을 수 있느냐?"

그날 심우영은 안방마님이 휘두르는 회초리에 종아리가 떨어져 나갈 만큼 매를 맞았다. 머슴들로 둘러싸인 마당에서 회초리를 맞을 때 심우영은 깨달았다. 양반의 피를 받았지만 자신은 양반이 아니라고, 반쪽짜리 핏줄을 잊어야 한다고 모질게 마음먹었다. 그녀가 인사를 안 하는 건 더 이상 분란을 일으키기 싫은 마음이라 믿었다.

그 후 심우영이 분가를 하고 그녀 역시 좋은 집안으로 시집을 갔다는 소식만 들었을 뿐이었다. 운종가 넓은 거리에서 다시 만나게 될 줄은 생각도 할 수 없었다.

'어쩌자고 따라왔을까…….'

간곡히 잡아끄는 손길을 뿌리치지 못해 따라왔지만 여간 불편한 자리가 아니었다.

"제 안사람의 외삼촌이라 들었습니다. 저는 허균이라 하옵니다."

허균이 먼저 고개를 숙여 인사하자 심우영은 안절부절못했다.

"외삼촌이라니요, 당치도 않습니다. 그저 잠시 동안 심대감 댁에서 신세를 졌던 인연이 있을 뿐입니다."

당당하게 외삼촌이라 나설 수 없는 신분의 한계가 새삼 원망스러웠다.

"서열로 보면 당연 아랫사람인데 말씀을 낮추시지요."

'이 사람이 지금 무슨 말을 하고 있는가? 서자가 사람 취급을 받을 수도 있던가?'

"반상의 도리가 있는데 아랫사람이라니 당치도 않습니다. 혹여 제가 서출이라는 걸 아직 모르시는 건 아닌지요?"

심우영은 고개가 방바닥에 닿도록 조아렸다. 무슨 목적으로 이리 환대를 하는 건가 조심스러워 얼굴을 들 수가 없었다. 그런데 어느 틈에 뒤로 온 허균이 어깨를 붙들더니 심우영을 일으켜 세웠다.

"방바닥에 엽전이라도 떨어져 있습니까? 어찌 그리 바닥만 보고 있으십니까?"

허균의 농담에 그제야 긴장이 풀렸다. 심우영의 표정이 풀어진 걸 본 허균이 다시 말을 걸었다.

"외삼촌이 싫으시면 뭐라 불러 드리면 되겠습니까?"

'나는 뭐라 불려야 할 사람일까?'

분명 심대감이 심우영의 아버지였으니 그녀는 조카가 맞았다. 하지만 삼촌도, 남도 아닌 이상한 관계였다. 심우영은 씁쓸함에 입술을 깨물었다.

"가만 보니 글 좀 쓰시는 분 같은데 심선비라 부르면 어떻겠습니까?"

다소곳이 앉아 두 사내의 실랑이를 지켜보던 그녀도 심선비란 호칭이 맘에 드는지 미소를 지었다.

"이 사람이 어릴 때 외갓집에서 만난 친척을 봤다면서 저에게 심선비를 잡아 오라고 시켰답니다. 오래전에 진 빚이 있다면서요. 여린 사람이라 어떻게든 그 빚을 갚고 싶었나 봅니다. 물론 이 조촐한 상으로는 어림도 없을 테지만요. 허허!"

허균이 소탈하게 웃었다. 어릴 적의 빚이라면 아마도 그녀 때문에 심우영이 회초리를 맞은 사건일 것이다. 그런데 그것이 어찌 빚이겠는가? 안방마님에게 회초리를 맞긴 했지만 처음으로 다른 사람의 진실한 마음을 받은 경험은 심우영에게 아직까지도 소중한 추억이었다.

숭늉이 놓인 소박한 상이 눈에 들어왔다. 이걸 먹이기 위해 왈짜패로 오해받으면서까지 자신의 뒤를 따랐을 거였다. 심우영의 눈빛을 오해했는지 허균의 얼굴이 발그레해졌다.

"심선비, 오늘은 경황이 없어 숭늉밖에 못 드리지만 다음엔 잘 익은 술로 대접하겠습니다."

 정성스런 대접이 어찌 초라할 수 있을까? 심우영은 허균의 오해를 풀어 주려 숭늉 사발을 들고 벌컥 들이켰다. 은근히 우러난 밥물이 오래 비워 둔 속을 든든히 채워 주었다.

목숨 걸고 지킨
어진

참외 껍질보다 노란 개나리꽃이 하나둘 떨어졌다. 꽃 사이로 파란 새잎도 고개를 내밀었다. 이이첨은 울타리 옆에서 개나리를 한참 들여다보았다. 개나리는 다른 꽃나무와 다르게 잎보다 꽃이 먼저 피었다. 그걸 보고 있으면 어쩐지 자신과 비슷하다는 느낌이 들었다.

'꽃만 예쁘면 되지 피는 순서가 뭐가 중요해. 벼슬길도 마찬가지일 게야. 내 비록 몰락한 가문의 후예라 늦게 벼슬을 얻었지만 언젠가 높은 자리에 오를 날이 올 거야. 아니 반드시 오게 만들 거야.'

이이첨의 5대조 할아버지는 연산군 대의 거물이었다. 그러나 연산군 정권이 붕괴하면서 이이첨 가문도 몰락의 길을 걸어야 했다. 나는 새도 떨어뜨릴 세도가에서 한순간에 나락으로 떨어져 길가의 잡풀을 뜯어 먹으며 살았다. 어찌 보면 벼슬길이 참 덧없구나 생각할 법한데 이이첨은 그러지 않았다. 그는 야망이 큰 사내였다. 비록 종9품의 초라한 직책에 머물고 있지만 언젠가 임금 옆에서 큰 힘을 펼치리라 꿈꾸곤 했다.

"참봉 나리, 말씀하신 대로 사랑방에 군불을 넣었습니다."
"귀한 손님이 오시니 한시라도 소홀함이 없도록 준비하게."
이이첨이 미처 자라지 못한 수염을 쓸어내리다 멈칫했다. 어찌된 일인지 이이첨의 수염은 채 한 뼘이 되지 않았다. 얇은 입술이 보기 싫어 수염으로라도 가려 볼까 싶었는데 그마저도 뜻대로 되지 않았다.
'만날 풀떼기만 먹으니 무슨 영양으로 수염이 자라겠어. 끙!'
참봉직 녹봉으로 대식구를 거느리려니 밥상에 고기 한번 올리기가 힘들었다. 수염을 쓸어내리던 이이첨이 코를 킁킁거렸다. 그리고 하인이 자리를 뜨자마자 한쪽 콧구멍을 틀어막고 홍 콧물을 날려 버렸다. 다른 한쪽도 똑같이 하자 콧속이 시원했다.
'양반들은 이러지 않겠지? 그런데 답답하게 콧속 가득 콧물을 담고 어찌 사는지…… 그이들은 콧물을 들이마시나?'
이런 망측한 궁금증은 누구에게 물어봐야 하나 싶었다. 그러다 문득 망측한 이야기도 허물없이 나눌 양반이 이리로 오고 있다는 생각이 들었다. 기분이 개운해진 이이첨이 다시 짧은 수염을 쓸어내렸다. 오늘은 고기 구경 좀 할 터이니 수염이 자라겠지, 흐뭇하게 웃을 때 멀리서 반가운 말발굽 소리가 들렸다.

먼 산에서 부엉이가 울었다. 밤이 이슥했지만 이이첨의 사랑방에는 호롱불이 환했다.
"별 게 다 궁금하십니다. 아무리 양반이라 한들 설마 콧물을 먹겠습니까? 앞에서야 슬그머니 수건으로 닦을 테지만 아무도 없을 땐 참봉 어른처럼 하겠지요."

이이첨의 황당한 질문에 허균은 목젖이 보이도록 웃었다. 다른 양반들은 저리 크게 웃지도 않을 터였다. 이이첨은 형식에 얽매이지 않고 행동하는 허균이 편했다.

"그나저나 자네는 나보다 나이도 어리면서 웬 수염이 그리 긴가? 도대체 뭘 먹어야 수염이 잘 자라는가?"

아홉 살이나 많았지만 이이첨은 허균에게 속없이 잘 물었다. 허균도 그런 이이첨을 좋아했다.

"자랄 때 되면 어련히 자라겠지요. 허허허, 우리가 만난 지도 벌써 수년이 흘렀는데 참봉 어른은 그대로십니다."

손사래 치며 사양하다가 급하게 떡을 먹어 치웠던 모습이 생생하다며 허균이 옛 얘기를 꺼냈다.

"자네도 그때를 기억하는군. 내리 이틀을 굶은 채로 시험장에 갔으니 쓰러질 법도 했지. 그때 자네가 준 떡을 먹지 못했으면 아마 시험 보는 도중에 쓰러지고 말았을 걸세. 자네가 내 목숨을 살렸네. 그 뿐이던가. 귀한 황모필을 건네주지 않았다면 어찌 시험을 치를 수 있었겠는가."

생각할수록 고마운 사람이었다. 이이첨이 허균의 손을 덥석 잡았다.

허균이 이이첨을 다시 만난 건 한 달 뒤였다. 생원시 합격 증서인 백패를 받으러 성균관에 들어서는데 누군가 큰 소리로 불렀다.

"이보시오, 날 알아보시겠소? 내가 바로 황모필을 빌려 간 거자라오."

허균의 짐작처럼 이이첨은 주막에 오지 못할 사정이 있었다. 시험장을 빠져나오다가 발을 삐끗 접질렸는데 발목이 부어오르더니 그만 며칠을 꼼짝할 수 없었단다. 부리는 하인도 없어 주막으로 말을 전하지도 못해 퉁퉁 부은 발을 굴리며 애를 태워야 했단다.

 "그렇다고 몇 날 며칠을 성균관 앞에서 기다렸단 말이오? 혹여 내가 합격하지 못했으면 헛일이었을 텐데 어쩌시려고?"

 "자신에 찬 눈빛만으로도 보통 사람이 아님을 짐작했지요. 게다가 일필휘지로 답을 쓰고 나가는 걸 보면서 확신했고요."

 이이첨은 황모필을 허균에게 내밀었다. 겨우 붓 한 자루를 돌려주려 며칠을 노숙하며 기다렸다니 그 정성이 대단했다. 보통 인연이 아니란 생각이 들었다.

 "이 붓의 진짜 주인은 선비입니다."

 허균은 기꺼이 붓을 그에게 주었다. 지금 그 황모필은 이이첨의 서가 깊숙한 곳에 있었다.

 "그나저나 한양의 분위기는 좀 어떤가? 나야 광릉 시골에 처박혀 있으니 통 소식을 들을 수가 없어서 말이네."

 왜가 쳐들어올 거라는 흉흉한 소문으로 온 나라가 어수선했다. 이이첨도 한양의 소식이 궁금했다.

 "저도 책만 파는 입장이라 조정 소식을 알지 못합니다만…… 그래도 일전에 큰 형님이 통신사로 왜에 다녀오시긴 했습니다."

허균이 조심스레 얘기를 꺼냈다. 지금 왜에서는 풍신수길*이라는 자가 큰 세력을 떨치고 있는데 그자의 정치적 야망 때문에 반드시 조선에 큰 화가 미칠 거라며, 큰 형님에게 들은 이야기를 옮겼다.

"풍신수길이라고? 이름도 괴상하구먼. 그런데 왜가 쳐들어올지 모른다는데 조정에서는 어찌하여 아무런 대비도 하지 않는가?"

허균이 헛기침을 하며 입을 열었다. 뭔가 탐탁지 않은 얼굴이었다.

"풍신수길이라는 자가 통신사 편에 편지를 하나 보냈답니다. 명나라를 치기 위해 조선을 좀 빌리겠다고요. 명나라와 전쟁을 치르기 위해 조선을 지나간다는 뜻은 조선도 쳐들어오겠다는 선전 포고와 다를 바 없지요. 그런데도 주상께서는 크게 귀담아듣지 않으셨다 합니다."

"걱정스럽긴 하지만 주상께서 그리 판단을 내리셨으면 그만한 이유가 있겠지. 아 참, 자네 대과 준비는 잘하고 있나?"

허균이 부끄러운 듯 얼굴을 붉혔다. 말하지 않아도 이이첨은 충분이 짐작이 갔다. 흥도 많고 친구도 많으니 좀 어울려 다녔을까 싶었다.

"이 사람 장가도 들고 여식도 컸는데 어서 대과에 급제해야지. 자네 친구들 중에는 대과 급제한 사람들이 좀 있나?"

대과 얘기를 꺼낼 때마다 이이첨은 마음 한끝이 싸하게 아렸다. 형편이 좋다면 그도 종9품 참봉직에 머물지 않고 공부를 더할 터였다. 생원시 진사시 합격만으로는 높은 자리에 올라갈 수 없었다. 대과 준비를 하는 허균의 처지가 몹시 부러웠다.

---

* 도요토미 히데요시.

"그런 친구는 없습니다. 저와 가까운 친구들은 소과 시험도 치를 수 없는 처지인걸요. 높은 집 귀한 도련님들이긴 한데 서자 출신들이 많아서요."

이이첨은 깜짝 놀랐다. 친구도 가려 사귀어야 하는 법인데 어찌 그런 치들과 어울리나 싶어 조용히 타일렀다.

"이보게, 어차피 관직에 나가야 하는 몸이면 좀 더 신중해야지. 자네의 앞날을 생각해서라도 좋은 친구들을 사귀어야지, 어쩌려고 그러는가?"

"걱정하시는 바는 알지만 저보다 학문이 깊어 배울 점이 많은 친구들이랍니다. 언제 기회 되면 참봉 어른께도 소개시켜 드리지요."

이제 겨우 벼슬길에 나선 터였다. 그런데 서자들과 사귀라고? 이이첨은 아무리 허균이 권해도 사양하고 싶었다.

'학문이 깊은 것보다 벼슬이 높은 사람을 사귀어야 함을 허균은 아직도 모른단 말인가!'

이이첨이 끌끌 혀를 찰 때였다.

"참봉 어른도 그러실 테지만 벗을 사귀는데 무얼 따지겠습니까? 마음 맞고 학문이 통하면 그만이지요. 그렇지 않습니까?"

순간 얼굴이 화끈했다. 언제나 이해득실을 따지는 자신의 속마음을 들킨 것 같았다.

그래야지, 하며 겨우 대꾸했더니 허균이 그럴 줄 알았다면서 환하게 웃었다. 속없이 자신을 내보이고 계산 없이 벗을 사귀는 허균은 참으로 큰 사람이었다. 인정하기 싫지만 그걸 알기에 이이첨은 허균 앞에서 자신이 더 작다 느끼곤 했다.

'허균이랑 같을 순 없어. 몰락한 가문 출신에 눈치까지 없었어 봐. 살아남지 못했을 거야.'

이이첨은 그렇게 스스로를 다독였다.

다음 날 아침 허균은 다시 한양으로 떠났다.

"또 놀러 오겠습니다. 형님도 시간 되시는 대로 글공부에 매진하십시오. 이 자리에 계실 분이 아니지 않습니까? 높은 자리에 올라 주상 전하를 가까이 모셔야지요."

허균은 가끔씩 이이첨을 형님이라 부르며 친근함을 나타냈다.

"아우님이 먼저 대과에 급제해서 이 형님을 좀 도와주세요."

덕담을 나누며 헤어졌다. 노란 개나리꽃 사이로 허균이 탄 말이 아른거리며 사라졌다.

'주상 전하를 가까이 모신다…….'

궁궐 안에 들어가 본 적도, 주상 전하의 용안을 뵌 적도 없었다. 허황된 꿈이었다. 그러나 꼭 잡고 싶은 꿈이었다. 그리고 그 꿈을 그렇게 빨리 이룰 줄은 이이첨도 몰랐다.

허균이 다녀가고 한 달 후 왜가 쳐들어왔다. 난리가 날 거란 소문이 파다하게 돌았지만 이리도 빨리 전쟁이 시작될 줄은 누구도 몰랐다.

'동래로 쳐들어왔다니 여기까지 오는 데 몇 달은 걸릴 테고 그때까지

별일 없겠지.'

하지만 이이첨의 예상과 달리 조총이라는 신무기를 갖춘 왜는 조선의 곳곳을 폐허로 만들며 순식간에 한양 인근까지 올라왔다. 전쟁에 대한 아무런 준비도 없었던 조정에서는 한바탕 난리가 났다. 급하게 광해군을 세자로 책봉하고 임금도 몽진길*에 올랐다고 했다. 이이첨의 부인도 불안한지 옷가지와 살림살이를 싸서 방 한쪽에 놓았다.

"임금도 백성을 버리고 도망갔다는데 언제까지 죽은 임금의 묘만 지키고 있을 거예요? 우리도 어서 피난을 서둘러야지요."

광릉은 조선 왕조 7대 임금인 세조의 묘였다. 이이첨의 일은 세조 임금의 묘를 관리하는 거였다.

"어허, 아녀자가 어디 함부로 지아비 일에 입을 놀리는 거요?"

큰소리쳤지만 산 임금도 도망을 가는 판에 죽은 임금의 묘를 지키는 일이 가당하기나 하냐는 부인의 말이 틀리진 않았다.

몽진길에 오른 임금을 향한 분노로 궁이 타올랐다는 소문도 엊그제 들었다. 시골이라고 마냥 안전하지만도 아닐 터였다. 하지만 무턱대고 피난길에 오를 수는 없었다.

어디로 가야 하나, 묘를 그냥 두고 가야 하나 뒤척이며 잠을 이루지 못할 때였다.

"나리, 큰일 났습니다! 왜군이 쳐들어와 사당에 불을 질렀습니다!"

사당이라면 세조 임금의 어진이 있는 곳이었다. 이이첨은 의관을 갖

---

* 먼지를 뒤집어쓴다는 뜻으로, 임금이 난리를 피하여 안전한 곳으로 떠나는 길.

추려다가 포기하고 맨발로 사당을 향해 달렸다. 사당 입구가 불길에 휩싸여 있었다. 다행히 하인 몇이 물을 끼얹어 사당 문에 붙은 불은 꺼졌다. 이때다 싶어 이이첨은 사당 안으로 뛰어들었다. 창을 통해 들어온 연기로 앞은 보이지 않았다.

"나리! 창으로 불이 붙었습니다. 금방 안으로도 불길이 번질 터이니 위험합니다."

"어서 나오세요! 피난 갈 채비를 꾸렸습니다!"

하인들과 식구들이 큰 소리로 이이첨을 불렀다.

'아무리 나라의 녹을 먹는 처지라 해도 죽은 임금의 얼굴을 구하려 목숨을 내놓을 수는 없지.'

괜한 짓이지 싶어 밖으로 나가려는데 이상한 예감이 발길을 붙들었다.

'이 전쟁 통에 임금의 어진을 지키는 것이 가능할까? 누가 이 미친 짓을 할 터인가? 혹시 이 일이 기회가 되진 않을까?'

이이첨은 죽기 살기로, 아니 죽겠다는 마음으로 어진을 들고 사당 밖으로 나왔다. 그리고 어진을 한쪽에 내려놓고 옷에 붙은 불을 끄기 위해 바닥에 뒹굴었다. 하인이 물을 끼얹고서야 소매에 붙은 불이 꺼졌다. 아악, 소리를 지를 정도로 오른팔이 화끈했다. 그러는 정신에도 어진이 무사한지 눈으로 확인했다.

불에 덴 팔에 옷가지를 감고서 급하게 피난길에 올랐다.

"북쪽으로 가자. 주상 전하가 계신 곳으로……."

이이첨은 피난을 가는 말 위에서 정신을 잃었다. 그러면서도 세조의

어진은 놓치지 않고 움켜쥐었다. 그것이 자신의 출세를 위한 최후의 수단이라는 걸 알고 있기에 끝까지 놓지 않았다.

불안한 세자

불타 버린 궁궐을 바라보며 북촌으로 들어섰다. 허균은 청양군 심의겸 대감 댁으로 가는 길이었다. 그곳이 세자가 머무는 동궁이었다. 전쟁 전 쓰던 자선당에 비하면 형편없었지만 그걸 탓할 만큼 한가한 세월이 아니었다.

동궁전 내시가 허균을 보더니 황급히 일렀다.

"세자 저하께서는 지금 주상 전하께 문안드리러 가셔서 자리에 안 계십니다."

허균은 얼마 전부터 세자를 가르쳤다. 높은 벼슬은 아니었지만 세자시강원은 학문을 인정받은 자만이 맡을 수 있었기에 내심 뿌듯한 일이었다. 그런데 이 시간에 문안이라니? 벌써 해가 중천이었다.

"어인 일로 이 시간까지 문안이 끝나지 않았습니까?"

내시가 흠, 짧은 헛기침으로 대답을 대신했다. 입이 무겁다며 세자가 아끼는 사람다웠다.

허균은 급히 월성대군 집으로 발길을 돌렸다. 궁궐이 불탄 후 임금은 성종 임금의 형이었던 월성대군의 집을 내전으로 사용했다.

'혹시 또 선위를 말씀하시는 건가?'

허균은 불안한 마음에 걸음을 빨리했다. 선위는 임금이 살아 있는 채로 세자에게 왕위를 물려주는 것을 말했다. 백성들은 궁궐을 비워 놓고 몰래 도망친 임금을 좋게 보지 않았다. 그리고 이런 분위기를 반영하듯 성균관 유생들이 무능력하게 파천*을 강행한 임금에게 선위를 건의한 상소문을 올리기도 했다.

"나라가 이 지경이 된 것은 모두 짐의 부덕이오. 그러니 이제부터라도 위중한 국사의 책임을 세자에게 맡길까 하오."

임금이 그리 말해도 그 말을 곧이곧대로 받아들일 수는 없었다. 선위라는 말이 나오면 세자와 대신들은 모두 죄인이 될 수밖에 없었다.

"주상 전하, 선위를 거두어 주시옵소서."

임금도 대신들의 충성심을 엿보고자 선위를 말한 거였다. 물론 임금의 선위 소란에 가장 힘든 이는 세자였다. 세자는 며칠씩 끼니를 거르며 눈물 속에 선위를 만류했다. 내전 앞의 차가운 돌바닥에 이마를 찧기도 했고, 눈바람 속에서 온몸이 얼기도 했고, 한여름 장맛비를 하루 종일 맞기도 했다. 그럼에도 임금은 수차례 선위를 말했고 그때마다 궁궐엔

---

* 임금이 도성을 떠나 다른 곳으로 피란하던 일.

한바탕 소동이 일었다.

마땅찮은 마음으로 내전을 향하는 중에 세자 일행을 만났다. 임금의 고집이 이리 쉽게 꺾이진 않을 테니 선위 파동은 아닌 듯싶었다. 그래도 무슨 사연이 있는지 세자의 얼굴이 파리했다.

"저하, 오늘 서연*은 어찌하올지……."

세자의 학문을 책임지고 있었지만 허균은 모든 공부를 책으로 해야 한다 믿지는 않았다. 이런 날 하루쯤 빼먹어도 되겠지 싶어 은근슬쩍 말을 꺼냈건만 세자가 단호히 말했다.

"늦었지만 해야지요. 어서 가시지요."

동궁전 실내에서 세자를 마주하니 이마에 작은 상처가 보였다. 돌바닥에 이마라도 조아린 건가 싶어 허균이 물었다.

"저하, 무슨 일이 있으신지요? 혹여 주상 전하께서 선위라도……."

허균은 말을 꺼내다 급하게 입을 다물었다. 선위는 일개 신하가 꺼낼 말이 아니었다. 허균의 놀라는 모습에 세자가 작게 웃었다.

"아닙니다. 단순한 아침 문안이었습니다."

세자가 표정을 가다듬으며 책을 폈다. 세자는 언제나 단정했다. 자신의 불안한 처지를 아는 것처럼 조심스럽게 행동했고 남의 입에 오르내릴 일은 절대로 하지 않았다. 지금도 서연을 불성실하게 했다는 소문이 돌까 조심하는 것이었다.

---

* 세자가 선생님에게 받는 수업.

세자는 후궁이 낳은 아들이었다. 임금은 노골적으로 중전이 낳은 아들을 기다렸지만, 중전인 의인왕후는 적장자를 낳지 못했다. 그러던 중에 전쟁이 터졌고 임금은 그제야 할 수 없다는 듯 광해군을 세자로 책봉했다. 열여덟 살의 나이 든 세자였다. 초라한 책봉식을 치른 후 세자는 목숨을 아끼지 않고 위급한 전쟁터를 누비며

분조*를 잘 이끌었다. 성균관 유생들이 선위를 청하는 상소문을 올린 것도 이런 까닭이었다. 그런데 이 상소문이 문제였다. 세자를 지지하는 사람들이 많다는 것을 안 임금이 언제부턴가 세자를 멀리하기 시작했다.

'이럴 때 마음을 다독여 줄 어머니라도 계시면 좋았을 것을…….'

생모였던 공빈 김씨는 세자가 두 살 무렵 세상을 떠났다. 책장을 펴며 마음을 다잡는 세자를 보니 측은한 마음이 앞섰다. 허균이 탁 소리 나게 책을 덮었다.

"신은 저하께 유학의 경전만 가르치는 사람이 아닙니다. 저하의 작은 걱정거리라도 나누고자 하는 것이 신의 바람입니다."

---

* 임진왜란 때, 선조가 본조정(本朝廷)과 별도로 임시로 설치한 조정. 선조가 의주 방면으로 피난하면서 세자 광해군을 따로 함경도로 피란시킬 때, 선조가 있던 의주의 행재소와 구분하여 세자가 있던 곳을 이르던 말.

허균의 강한 말투에 세자가 씁쓸한 표정으로 입을 열었다.

"며칠 전부터 아바마마께서 아침 문안을 받지 않으십니다. 명나라에서 책봉을 받지 못했는데 어찌 세자라 할 수 있겠느냐고 하시면서…… 핏줄이 참 중요한가 봅니다. 적장자라면 이러지 않으셨겠지요."

말을 마친 세자가 입술을 깨물었다. 아랫입술이 하얗게 변했다.

명나라에서 적장자가 아니라는 이유로 세자 책봉을 미루고 있는 건 사실이었다. 하지만 임금이 문안을 받지 않는 이유는 아직도 세자를 견제하는 마음으로 보였다.

'주상 전하는 어찌 이리 저하의 마음을 모르시는지…….'

세자는 동궁마마로서의 근사한 대접을 바라는 것이 아니었다. 그저 아비의 사랑을 그리워할 뿐이었다.

"핏줄이 중요하지요. 하지만 저하께서 잊어버리신 것이 하나 있습니다. 비록 중전 마마의 소생은 아닐지라도 저하도 주상 전하의 아들이라는 것이지요. 한 나라의 임금 자리는 핏줄로만 결정되어선 안 됩니다. 그 자리에 합당한 사람이 맡아야 한다는 것이 신의 소견이고, 전하께서도 그런 판단으로 세자 책봉을 내리신 거라 생각되옵니다."

세자가 한참을 생각에 잠겼다.

"서연을 시작합시다."

세자의 얼굴이 한결 편안해 보였다.

서연 중에 반가운 손님이 찾아왔다.

"저하, 사헌부 이이첨 대감이 들었습니다."

이이첨이 들어오다 허균을 보더니 반가운 웃음을 지었다. 못 만난 사이 이이첨은 보기 좋게 살이 올랐고 자라지 않아 걱정이라던 수염도 쓰다듬을 만큼 길어져 있었다. 학이 수놓인 흉배의 관복도 잘 어울렸다. 전쟁이 많은 사람의 인생을 끔찍하게 만들었지만 또 누군가의 인생에는 기회가 되기도 했다. 이이첨은 세조 임금의 어진을 지킨 덕에 임금의 눈에 들었고 그 덕에 조정에 들어왔다.

이이첨이 세자에게 인사를 올렸다. 두 손을 모으는데 보니 오른팔이 불편해 보였다. 임금의 어진을 구하다 오른팔에 큰 흉터가 생겼다는 소문을 허균도 들었다.

"불구덩이 속에서 어찌 그걸 챙길 생각을 했을까? 그리고 제일 먼저 주상 전하를 찾아갔다지 뭐야? 아주 벼슬에 눈이 먼 사람이라니까."

사람들이 뒤에서 쑥덕일 때마다 허균은 그럴 분이 아니라면서 못 들은 척했다. 워낙 책임감이 강한 사람이라 그랬을 테지 싶으면서도 허균 역시 가끔 섬뜩함을 느꼈다.

'정말 불길 속에서 어진을 지켜낸 것이 벼슬을 향한 욕심 때문이었을까?'

가문의 몰락으로 고생한 것을 알기에 그걸 탓할 수는 없지만 그 집착이 무섭게 느껴지는 것도 사실이었다. 허균은 이상한 기분을 털어 내려 고개를 흔들었다.

"저하, 주상 전하께 문안드리는 일로 요 며칠 마음이 상하셨다 들었습니다. 그 일 때문에 내전 김상궁이 전해드리란 말이 있어 서연 중임을 알면서도 무례하게 들었습니다."

내전 김상궁은 전하를 가까이 모시는 사람이었다. 김상궁이 전해 주는 말이라면 귀담아들어야 했다. 세자도 그 말이 솔깃한지 이이첨을 가까이 오라 손짓했다.

"서얼들의 상소문에 대해 주상 전하와 이야기를 나누셨다 들었습니다."

그 일이라면 허균도 알고 있었다. 얼마 전 수백 명이 넘는 서얼들이 상소를 올렸다. 전쟁 중에 임시로 마련한 법을 파기해 버린 것 때문이었다. 전쟁을 치르던 조정에서는 군량 확보를 위해 곡식으로 벼슬을 살 수 있는 공명첩을 만들었고 돈푼이나 있는 중인들이 그 법을 통해 양반이 되었다. 또 전쟁 중에 공을 세운 노비들에게는 양인으로 신분을 올려주었다. 서얼들에게도 마찬가지로 기회였었다. 그런데 전쟁 이후 지나치게 양반들이 많아지자 남발한 공명첩을 모두 불태워 버렸다. 정당하게 돈을 내고 신분을 바꿨던 사람들이 전쟁 전과 다름없는 상황이 되어 버렸고, 서얼들도 이에 분노해 상소문을 올린 거였다.

"그랬지요. 아무리 비상 상황에서 만들어진 법이었다 해도 그걸 하루아침에 쓸모없이 만드는 것은 옳지 않다고, 서얼들의 주장이 타당하다고 전하께 말씀을 드렸습니다."

"저하, 어쩌자고 그런 말씀을 하셨습니까?"

이이첨이 무릎을 치며 아쉽다는 표정을 짓자 세자가 영문을 모르겠다는 듯 허균을 쳐다봤다.

"세자 저하의 뜻을 모르지 않사오나 주상 전하께서는 달리 생각하고 계십니다. 저하께서 공빈 김씨의 소생이라는 이유로 서얼들만 감싸고 돈다며, 그릇이 작다고 걱정하셨다 하옵니다."

세자의 얼굴이 하얗게 변했다. 그러니까 임금은 세자가 왕실의 서자란 신분 때문에 서얼 편만 든다고 생각하고 있었다.

"그러고 보니 그 말씀을 드린 후에 문안을 받지 않으셨습니다."

세자가 화난 얼굴로 서안을 내리쳤다. 또 신분이 발목을 잡는구나 싶었다. 적장자가 아니란 것이 세자의 가장 큰 약점이었다.

돈으로 벼슬을 사는 공명첩은 허균도 반대했던 법이었다. 하지만 필요할 때 불러 썼던 사람들을 전쟁이 끝났다고 버리는 건 더 나쁜 것이라 여겨졌다.

"세자 저하는 만백성의 어버이가 되실 분입니다. 그런데 약한 자의 편에 서는 것이 어찌 그릇의 작음을 뜻하겠습니까? 주상 전하께서 그리 오해하셨다면 수고스럽지만 이대감이 말씀을 잘 전해 주시면 어떻겠습니까?"

허균은 주상의 총애를 받는 이이첨이 세자의 입장을 전달해 주길 바랐다.

"지금 나한테 주상 전하의 생각이 잘못되었다고 말씀드리라는 건가?"

이이첨이 얼굴을 붉혔다. 입장을 곤란하게 만들었나 싶어 허균도 더는 말하지 않았다.

"그럼, 제가 어찌 말씀드려야 하겠습니까?"

세자가 조바심을 내며 물었다.

"전하의 뜻을 받드셔야지요. 공명첩 폐지가 맞다고 강하게 밀어붙여야만 합니다."

이이첨 말에 세자가 고개를 끄덕이자 이번엔 허균이 발끈했다.

"아니 되옵니다. 서얼들의 주장은 옳습니다. 저하도 그리 생각하지 않으십니까?"

허균에 질세라 이이첨도 목소리를 높였다.

"어허, 이 사람 아직도 상황을 파악하지 못하고 있구먼. 자네 말처럼 임금은 만백성의 어버이시네. 그런데 주상 전하는 저하의 어버이시네. 누구 생각을 따라야 하는지 아직도 모르겠는가?"

생원시 동기이기도 하고, 자신보다 나이도 위였기에 참아야 한다고 생각했다. 하지만 허균은 옳지 못한 일을 고분고분 넘어갈 수 없었다.

"이대감, 정말 충신이라

면 자신의 목숨을 걸고 주상 전하께 옳은 말을 해야 합니다. 서얼들의 울분을 모른 척하신다면 반드시 큰일이 날 것이라고 주상 전하께 알려 주셔야 합니다."

이이첨이 분해서 부들부들 떨었다.

"지금 뭐라 그러셨소? 그럼 나는 간신이란 말이오?"

허균과 이이첨이 날카롭게 대립하자 세자가 서안을 쾅쾅 두드렸다.

"지금 뭣들 하시는 겁니까?"

서슬 퍼런 세자의 표정에 허균은 입을 다물었다. 하지만 이이첨을 보는 차가운 눈빛만은 거두지 않았다.

'순수했던 거자의 모습은 어디로 갔단 말인가?'

황모필을 빌려주며 우정을 나누었던 마음이 쩍 갈라지는 소리가 들렸다.

새로운
임금

'제까짓 게 감히 누굴 가르치려 들어?'

자신을 노려보던 허균의 눈빛을 생각하면 이이첨은 아직도 화가 치밀었다.

'충신은 목숨을 걸고 전하께 옳은 말을 한다고? 허균이 정말 목숨을 건다는 것의 의미를 알기나 할까?'

이이첨은 고개를 저었다.

'세상물정 모르고 자랐으면서 누구 앞에서 건방지게 그따위 소리를 해?'

이이첨은 목숨을 걸고 어진을 꺼냈다. 목숨을 거는 건 간절히 살기 위해서 하는 행동이었다. 오른팔에 불이 붙은 상황에서도 어진을 지킨 건 평생 참봉직으로 살지 않기 위해서였다. 임금의 눈에 들고 조정에 나가고, 무너진 집안을 일으키기 위해서였다. 잘살기 위해서 목숨을 걸었던 거였다.

'서얼 나부랭이들 입장이 뭐가 그리 중요하다고 목숨을 건단 말인가?'

동궁전을 벗어나자 이이첨은 주위를 둘러보다 가래침을 캭 뱉었다. 입술에 간당간당 매달려 있던 가래침이 허균과의 인연처럼 뚝 끊어졌다.

세자는 임금에게 공명첩 폐지의 정당성을 강하게 주장했다. 그리고 그 일로 이이첨과 가까워졌다.

'세자 저하가 내 벼슬길의 동아줄이 되어 줄 것이야.'

이이첨은 노쇠한 임금을 대신해 젊은 세자의 편에 섰다. 세자를 반드시 임금의 자리에 앉히리라 맹세했다. 하지만 상황은 이이첨의 뜻대로 흘러가지 않았다.

1606년, 세상을 떠난 의인왕후를 대신해 새 중전으로 들어온 인목왕후가 왕자를 낳았다. 임금이 그렇게 바라던 적장자가 태어난 것이다.

"전하, 대군의 탄생을 축하드립니다."

임금과 여러 대신들에게 고개를 조아리면서도 이이첨은 입맛이 썼다.

'이럴 순 없어……'

내전을 나오는데 발걸음이 휘청했다. 쓴 약사발을 마신 것처럼 얼굴이 일그러졌다.

'세자 저하는 어떤 마음일까?'

이이첨은 세자가 걱정스러워 동궁전으로 갔다.

사계산수도 병풍 앞에 앉은 세자의 얼굴이 무척 어두웠다. 이이첨은 다른 날보다 더 깊이 허리를 숙여 세자에게 인사를 올렸다.

"내 나이 벌써 서른을 넘겼습니다. 세자 생활도 15년 가까이 됩니다. 그러니 이제 갓 태어난 왕자 때문에 마음을 졸이면 안 되지요. 암요, 그래선 안 되지요. 그런데 이대감, 부끄러운 줄 알지만 나는 두렵습니다. 이 자리를 빼앗기게 될까 걱정스럽습니다."

나이 든 세자의 눈가에 눈물이 어렸다. 이이첨은 세자의 걱정을 덜어주고 싶었다.

"저하, 왕자께서는 한낱 아기일 뿐입니다."

"하지만 중전 마마의 몸에서 태어난 대군입니다. 어쩌면 벌써부터 대군을 세자로 옹립하자는 움직임이 벌어지고 있을지도 모릅니다."

중전의 측근들이 대군의 탄생을 보면서 가만히 있지는 않을 터였다. 세자를 다시 정하자는 주장이 나올 수도 있었다. 하지만 그런 일이 벌어져서는 안 되었다.

"신, 이 목숨을 바쳐서라도 저하를 꼭 임금의 자리에 오르도록 할 것입니다."

세자의 아픔이 자신의 아픔이었고, 세자의 분노가 자신의 분노였다. 이이첨은 세자의 운명에 따라 자신의 운명도 결정됨을 깨달았다. 살이 패이도록 아프게 주먹을 움켜쥐었다.

"김상궁, 주상께서 몸이 불편하셔서 수라를 물리셨다는 것이 사실인가?"

이이첨은 수시로 임금의 건강을 내전 김상궁에게 물었다.

"평소와 다르게 기침도 늦으시고 수라를 물리는 일도 자주 있다 들었사옵니다."

그토록 원했던 적장자를 얻었건만 임금의 기력은 하루가 다르게 쇠해져만 갔다.

가을에는 내전에서 나오다가 쓰러졌다고도 했다. 임금의 건강을 신경 쓰는 건 이이첨만이 아니었다.

"아바마마의 병환은 어떻다고 하십니까? 어의에게 좀 여쭤 보셨습니까?"

임금의 상태를 물어보는 세자의 표정이 복잡했다. 세자는 자식 된 도리로서 임금의 건강을 진심으로 바랐다. 하지만 임금이 오래도록 건강하면 그동안 영창대군이 자랄 것이고 그건 세자인 자신의 위치가 불안해지는 길이었다.

"어제, 그제는 정신을 잃을 정도로 위중하셨는데 지금은 한고비를 넘겼다 하옵니다."

어의의 말을 전하는 이이첨의 입장도 조심스러웠다.

"그렇다면 다행이군요."

하지만 세자의 눈빛은 여전히 불안하게 흔들렸다.

"저하, 그런데 내전 김상궁에게 이상한 얘기를 들었습니다."

김상궁은 확실하게 세자의 편이었다. 김상궁 말에 의하면 그제 밤 임금이 밤늦게 영의정을 들라 해서 뭔가 중요한 얘기를 남겼다고 했다.

"아바마마께서 무슨 말씀을 남기셨답니까?"

"주위를 물리고 영의정과 둘만 남았기에 그건 김상궁도 모른다 하옵니다. 다만 뭔가 교지를 내리시는 듯하였답니다."

교지요, 하며 세자의 눈이 커졌다. 그제라면 임금의 상태가 위중했던 시간이었다. 어의가 들락거릴 만큼 위중한 시간에 임금은 무슨 말을 했을까?

세자도 그걸 생각하는 눈치였다. 가장 나쁜 내용이라면 임금이 영창대군을 세자로 옹립하겠다는 거였다. 하지만 영창대군의 나이는 겨우 두 살이었다. 임금이 그런 판단을 내리지는 않을 듯했다. 그렇다면 가능성은 하나밖에 없었다.

이이첨이 세자 앞으로 바짝 다가섰다.

"저하, 혹시 왕위를 넘기신다는 교지가 아닐는지요?"

세자가 놀라며 이이첨의 말을 끊었다.

"어허, 섣불리 꺼낼 말이 아닙니다. 자세히 알아보신 후에 알려 주시지요."

나무라는 말투였지만 한순간 세자의 얼굴에 슬그머니 미소가 흘렀다. 이이첨은 그걸 놓치지 않았다.

이이첨의 짐작이 맞았다. 임금이 세자에게 왕위를 넘기겠다는 교지를 내렸던 거였다. 아무리 영창대군을 어여삐 여긴다 해도 왕위를 넘길 수는 없었기에 내린 판단이었다. 그런데 어찌된 일인지 교지는 발표되지 않았다. 영창대군을 지지하는 영의정이 교지를 내린 사실을 감쪽같이 감췄기 때문이었다.

'옳지, 이참에 영의정을 주상께 떼어 놓아야겠군.'

이이첨은 교지 사실을 감춘 영의정을 벌해야 한다고, 멀리 귀양을 보내야 한다는 상소문을 올렸다. 상소문을 본 임금은 크게 화를 냈다.

"영의정은 짐이 분명 건강할 거라는 충심으로 교지를 발표하지 않았다. 쿨럭, 그런데 이이첨은 무슨 마음으로 영의정에게 모함을 씌우는가? 쿨럭쿨럭, 그대는 과인이 일어나지 않길 바랐던 것이냐? 그러고도 그대가 과인의 신하라 할 수 있겠느냐?"

영의정을 떼어 놓으려던 계획은 엉뚱하게 이이첨에게 화를 미쳤다. 임금은 영의정 대신 이이첨에게 귀양을 명했다. 1608년 1월 26일 매서운 칼바람이 부는 겨울날이었다.

"신 이이첨, 잠시 저하 곁을 떠나게 되었사옵니다."

세자에게 인사를 하고 동궁전을 나와서도 이이첨은 귀양 갈 준비를 서두르지 않았다. 다음 날에도 핑계를 대며 집에만 있었다.

'전하의 상태가 심상치 않습니다. 며칠 안에 사단이 날 거라고 환관들도 수군거리고 있습니다.'

내전 김상궁이 은밀하게 임금의 상태를 알려 준 까닭이었다. 김상궁의 말처럼 2월 1일 임금은 세상을 떠났다. 세자보다 아홉 살이나 어렸던 중전은 자신의 세 살배기 어린 아들에게 왕위를 물려줄 수 없음을 빨리 판단했다.

"한시라도 국사를 비워서는 안 됩니다. 대신들은 어서 즉위식을 준비하도록 하세요."

16년간의 세자 생활을 접고 저하는 드디어 보위에 올랐다. 정릉동 행궁 서청에서 즉위식이 열렸다. 곤룡포에 면류관을 쓴 저하의 모습이 눈부셨다.

새 임금이 탄생했다. 저 면류관을 받기 위해 얼마나 애를 썼던가? 이제 이이첨의 고생은 끝이 난 듯했다.

'내가 임금을 만들었어!'

이이첨은 두 손을 맞잡아 절을 올리며 천세를 크게 외쳤다. 그 순간 눈물이 주룩 흘러내렸다.

피를 나눈
아들임에도

 심우영은 겨우 일어나 벽에 기대어 앉았다. 하지만 아직도 온몸이 욱신거렸고 정신이 몽롱했다.
 "아버지, 이제 좀 정신이 드십니까?"
 심우영은 아들을 생각해서 억지로 기운을 차렸다. 번듯한 가문을 물려줄 수 없으니 전답이라도 물려주고 싶었고, 돈이라도 벌려는 생각으로 장삿길에 나섰지만 몸만 망가져서 돌아왔다. 무능력한 아비란 생각에 심우영은 얼굴을 들 수 없었다.
 "얼굴에 멍도 많이 빠졌습니다. 정말 다행입니다."
 심우영이 눈도 뜨지 못할 정도로 붓고 검푸르게 멍이 든 얼굴로 집으로 실려 왔을 때는 모두들 다 죽게 생겼다 했다. 몸이라도 일으키게 된 것은 많이 나아진 상태였다.

"어머니는 바느질감 갖다 주러 나가셨습니다. 제가 미음을 가져올 테니 잠시만 쉬고 계십시오."

못난 남편 만난 탓에 바느질로 집안의 생계를 꾸리고 있는 아내였다. 무능력한 가장이란 생각에 심우영은 입술을 깨물며 눈을 감았다. 그러자 악몽 같았던 장터의 일이 떠올랐다.

얼씨구 씨구 또 왔어. 절씨구 씨구 또 왔네
작년에 왔던 각설이가 죽지도 않고 또 왔네
품바나 허리고 저리한다
냉수 동우나 마셨는지 시원 시원 저리한다
뜨름 동우나 먹었는지 걸찍하게도 저리한다.

동냥질하는 걸인의 노랫소리가 걸쭉했다. 각설이 타령만이 아니었다. 엿장수의 가위 소리, 술집 주모의 간드러지는 웃음소리, 주인과 손님의 실랑이 소리가 보령 장터에 가득 찼다.

소금 사세요, 심우영이 옹알이하듯 작게 말했다. 소금 됫박을 보던 손님이 그냥 지나쳤다.

"소금 사세요. 뜨거운 태양 볕에 잘 마른 소금입니다. 몇 알갱이만 가마솥에 집어넣어도 진저리 치게 짠 소금입니다."

소금을 넘긴 염전 주인이 그리 말하라 시켰건만 그 소리는 죽어도 나오지 않았다. 가마솥에 몇 알갱이 넣는다고 짠맛이 나겠는가? 그런 거짓말을 할 수 없었다.

"윤기 자르르 흐르는 쌀 구경하세요. 오늘 아니면 다시 못 볼 쌀입니다."

"생선 왔어요. 수라상에 올라가려다 귀찮아 보령에 눌러앉은 귀한 생선입니다."

다른 장사치들은 넉살 좋게 손님의 소매를 잡아끌기도 하던데 심우영은 꿔다 놓은 보릿자루처럼 우두커니 있을 뿐이었다. 장이 끝나기 전에 소금을 팔아야 하는데, 마음만 급할 뿐 입에서는 어떤 말도 나오지 않았다.

쓸모도 없는 양반의 핏줄이라면 잊어야 했다. 정신 차리고 살아 보려 지게에 소금을 지고 장삿길에 나선 길이었다. 할 수 있다고 단단히 마음먹었는데 소금을 구경하는 손님이 오면 심우영은 저도 모르게 눈길을 피해 버렸다.

"어느 세월에 팔려고 이러고 있는지⋯⋯ 장돌뱅이 나선 지 얼마 안 된 신참이로군. 자네, 과거에 먹물 좀 묻혔겠는걸."

반들반들 윤이 날 정도로 까만 얼굴의 사내가 심우영에게 말을 걸었다.

"아니, 그걸 어찌 아셨소?"

심우영이 얼결에 사내의 말을 인정했다.

"패랭이에 달린 솜이 하얀 건 길 나선 지 얼마 안됐다는 것이고, 뽀얀 얼굴에 굳은살 없이 손이 깨끗한 건 일이라곤 해 본 적이 없다는 뜻이니 당연히 글공부를 했을 거란 추측이 가능하지. 내 말이 틀린가?"

목화솜을 단 패랭이를 쓰고 버선 대신 발감개까지 감아 완벽하게 장돌뱅이로 꾸몄지만 사내는 한눈에 심우영의 정체를 알아챘다. 까만 얼굴의 사내가 말을 계속했다.

"무엇보다 손님과 눈도 마주치지 못하는 자네의 모습은 누가 봐도 초짜란 말이야."

말을 마친 사내가 심우영 앞에 놓인 됫박에서 소금 몇 알갱이를 집어 먹었다.

"아휴, 제대로 짜네. 이런 좋은 소금을 못 팔아서 어쩐대. 당신 같은 초짜는 이런 큰 장터에서는 장사 못해. 차라리 외진 산골에 가서 하면 모를까. 여기서 조금만 가면 내가 살고 있는 산골인데 거기서 소금을 팔면 어떻겠소?"

사내가 은밀히 제안을 했다. 산골이라면 바닷가랑 멀고, 장터도 멀어 소금이 귀할 터였다. 심우영은 사내의 제안이 몹시 솔깃했다.

"벌써 해가 중천인데 언제 거기까지 간단 말이오? 혹여 도착한다 해도 저녁일 텐데 산골에 주막집이 있을 리 없으니 어디서 잔단 말이오?"

이미 자신의 제안을 덥석 물었다 여겼는지 사내가 더 친근하게 대답했다.

"그게 무슨 걱정이라고. 우리 집에서 하룻밤 자면 될 것 아니오. 그 대가로 소금을 조금 주는 건 어떻겠소? 이만하면 좋은 조건 아니오?"

아직 개시도 못한 장터에 미련을 두고 있어야 아무 소용없었다. 심우영은 사내의 선량한 웃음을 믿고 산골로 발길을 돌렸다.

 "아휴 답답해라! 지게까지 졌으니 가느다란 다리로 걸을 수나 있겠소? 이리 주시오."
 끙끙대는 꼴을 본 사내가 심우영을 밀쳐 내고 대신 지게를 졌다. 심우영은 이렇게 신세를 져서 어쩌나 싶었지만 무거운 소금을 지고 산길을 걸어갈 자신도 없었다.
 "고맙소, 장사가 잘되면 내 톡톡히 사례를 하겠소."

 지게를 짊어졌는데도 사내는 성큼성큼 잘도 걸었다. 맨몸으로 걷는 심우영보다 걸음이 빨랐다. 심우영이 숨을 헐떡이며 사내 뒤를 따르는데 어쩐지 으슥한 골짜기로 간다는 생각이 들었다. 이런 깊은 산골에 사람이 살까 싶어 두리번거리는데 울창한 나무 뒤에서 남자가 나타났다. 얼굴에 칼집이 있는 험상궂은 남자였다. 뭔가 일이 잘못됐구나 싶어 심우영은 두려움에 지게를 짊어진 사내의 손을 잡았다. 남자가 덩치가 크긴 하지만 둘이 합치면 못 이길 리 없다는 생각이 든 거였다. 미리 겁먹지 말자는 마음도 먹었다. 그런데 사내가 심우영의 손을 뿌리치더니 입꼬리를 올리며 피식거렸다. 심우영이 사내의 얼굴을 망연자실 쳐다보았다.
 "자기가 먹잇감인 걸 아직도 모르는 모양이네. 하하하!"
 칼집 있는 남자가 얼굴이 구겨지도록 크게 웃어 댔다. 더 무서운 건 심우영과 같이 온 사내도 웃고 있다는 사실이었다. 두 사람은 한패였다. 장터에서 만난 사내의 말은 허방다리*였다.

"좀 가까운 데 숨어 있지, 이거 지고 오느라 힘들었잖아. 나머지는 자네가 처리해."

사내가 지게를 나뭇등걸에 세워 놓더니 남자에게 물미장을 건넸다. 지게를 질 때 요긴하게 쓰이는 물미장이 심우영의 온몸을 향해 내리꽂혔다. 남의 돈을 얻어 산 소금이었다. 장사를 해서 돈을 벌어 갚아야 했다. 이문을 남겨 가족들에게 하얀 쌀밥을 먹여 주고 싶었다. 그런데 심우영은 아무것도 할 수 없었다.

심우영이 쓰러진 걸 확인한 두 사람은 소금을 훔쳐 도망가기 시작했다. "이놈들아 안 된다. 차라리 나를 죽이고 가라. 소금은 가져가면 안 된다!"

그 간절한 바람도 입 밖으로 나오지 못한 채 심우영은 정신을 잃었다.

심우영에게 접근한 사내의 정체를 알고 있던 보령 장터의 다른 장사꾼이 뒤를 밟아 오지 않았다면 산길에서 목숨이 끊어질 뻔했다. 그게 열흘 전의 일이었다.

하얀 쌀밥은커녕 쌀알 구경도 못할 뻔했다. 돈이 똑 떨어진 형편 탓에 심우영뿐 아니라 가족들도 손가락 빠는 신세가 됐다. 다행히 허균이 양식을 보내 줘서 굶주림은 면할 수 있었다.

'나는 왜 이리도 못난 사람일까?'

---
* 함정.

심우영은 몸뿐 아니라 마음에도 깊은 병이 들었다.

"부자가 되어 돌아오겠다고 큰소리 뻥뻥 치더니 아주 잘됐구먼."
 아픈 친구 병문안을 왔다더니 서양갑은 심우영을 보자마자 비아냥거렸다. 곰처럼 큰 덩치의 서양갑은 외모만큼 말도 거칠었다. 하지만 말만 그럴 뿐 마음은 한없이 여린 사람이었다. 서양갑의 큰 눈이 붉어진 것도 울음을 참고 있기 때문이었다. 지금도 얼굴이 시퍼렇고 뼈만 남은 친구의 모습이 안쓰러워 괜히 심통을 내뱉는 거였다.
"무슨 그런 말을 하는가? 이렇게 무사했으니 천만다행이지."
 서양갑을 나무라며 박응서가 심우영의 손을 잡았다. 웃을 때마다 반달이 되는 푸근한 눈매와 다르게 박응서의 손은 차가웠다. 서양갑과 박응서는 친한 친구였지만 둘은 너무도 달랐다. 서양갑이 감정을 못 숨기고 웃었다, 찌푸렸다 한다면 박응서는 무슨 일이건 표정의 변화가 없었다. 외모도 영 딴판이었다. 서양갑이 검은 얼굴에 기골이 장대하다면 박응서는 파리한 얼굴에 깡마른 모습이었다. 하나부터 열까지 이렇게 다른데도 둘은 친하게 지냈다. 그건 아마도 서로의 아픔을 잘 알고 있는 탓이었다. 서양갑도 박응서도 모두 서자였다.
"다 나았는데 뭣하러 왔는가?"
 없는 형편에 둘이 돈을 모아 약첩을 지어 왔다고 하니 심우영은 고맙고 또 미안했다.
"허대감은 지난번에도 쌀을 보내 주시더니, 어찌 귀한 과일까지 사오셨습니까?"

함께 온 허균에게도 인사를 챙겼다.

"심선비, 소금 장수 나갔다더니 어쩌다 이리되었소? 대체 무슨 일을 당했기에?"

허균은 심우영의 얼굴이 영 딱한지 얼굴을 찌푸렸다.

보령 장터에서 낯선 사내에게 골탕 먹은 일을 이야기했더니 아니나 다를까 서양갑이 대뜸 분통을 터뜨렸다.

"이런 나쁜 놈! 내 기필코 그놈을 잡아 자네의 원수를 갚아 줌세. 그 나쁜 놈의 생김새 좀 말해 보게."

서양갑이 흥분해서 큰 주먹으로 방바닥을 내리쳤다. 장날을 이용해 허방다리 짓을 하는 전문 패거리를 어찌 잡을 수 있겠는가? 서양갑도 그걸 모를 리가 없었다. 이렇게 성을 내는 것도 아픈 친구를 위로하기 위함이었다. 그런데 박응서가 이상했다. 다른 때라면 서양갑의 말에 맞장구를 쳐주곤 했는데 오늘은 영 반응이 없었다. 평소 말이 없는 친구였지만 유독 얼굴이 어두웠다.

허균도 그걸 눈치챘는지 박응서에게 넌지시 물었다.

"응서, 자네 무슨 일이 있는가?"

소도둑이라도 때려잡을 기세로 흥분하던 서양갑도 박응서의 얼굴을 보더니 슬그머니 열을 식혔다. 박응서는 아니라며 웃음을 지었지만 그 역시 어색했다.

"자네가 이리 어두운 얼굴로 돌아가면 내 마음이 편하겠나?"

심우영의 채근에 못 이기 듯 박응서가 말했다.

"대감이 양자를 들이실 생각인가 봅니다."

모두들 맥이 탁 풀린 듯했다. 대감이라면 박응서의 아버지였다. 박대감은 오래전 아들이 죽어 서자인 박응서 말고는 딸 하나밖에 없었다. 대감은 박응서가 서자였지만 아껴 분가시키면서 번듯한 집도 한 채 사 주었고 작게나마 전답도 내려 주었다. 박응서가 다른 친구들보다 나은 형편인 건 그런 이유였다. 그랬던 대감이었기에 박응서는 내심 기대를 하고 있었다. 대감의 제사를 지낼지 모른다고, 재산을 물려받을지 모른다고. 그런데 자신의 핏줄을 받은 박응서를 놔두고 피 한 방울 섞이지 않은 양자를 구한다는 말이었다. 서자는 결국 인정할 수 없단 뜻인가 싶어 심우영도 울분이 치솟았다.

"아무리 그래도 아버지가 돼서 어찌……."

감정을 못 이겨 심우영이 차마 하면 안 되는 말을 내뱉었다.

"아버지가 아니라 대감이지. 우리에게 언제 아버지가 있었던가?"

서양갑이 씩씩거리며 말했다.

아버지, 어머니의 핏줄을 반반씩 받았을 텐데 어찌하여 어머니의 신분을 일방적으로 따라야 하는가? 심우영과 서양갑이 울분에 차서 한마디씩 주고받고 있을 때도 박응서는 아무 말 없더니 한참만에야 입을 열었다.

"나는 대감을 좋아했었네. 고귀한 양반 핏줄을 물려주신 걸 고마워했었네. 누구도 인정하지 않았지만 반쪽이나마 양반의 피가 섞인 걸 자랑스러워했었네. 그런데 말일세, 나는 이제 천한 어머니의 핏줄보다 고귀한 아버지의 핏줄이 부끄럽네. 고귀해서 아무것도 할 수 없는 그 핏줄이 부담스럽고 싫어졌네."

뭐라고 대꾸할 줄 알았던 서양갑도 박응서의 말에 잠자코 있었다. 양반의 핏줄 따위 물려받지 않았다면 산비탈이라도 개간해 농사를 짓고, 그도 아니면 지게를 짊어지고 장사를 다니고, 그도 아니면 남의 집 머슴이라도 할 수 있었다. 아무 고민 없이 그리할 수 있었다. 반쪽짜리 양반의 핏줄 따위 도둑고양이가 물어 갔으면 좋겠다고, 심우영도 몇 번이나 곱씹어 생각했다.

침울한 분위기에 아무도 입을 열지 않는데 허균이 조심스레 이야기를 꺼냈다.

"자네들, 서얼 허통*을 청하는 상소문을 올리지 않겠나? 혹시라도 생각이 있다면 내가 도와주겠네."

과거 시험이라도 치러 보고 싶다는 것이 심우영의 오랜 소원이었다. 너무 간절히 바란 일이긴 했지만 심우영은 허균의 제안에 선뜻 대답할 수 없었다.

"왕실의 서자가 새로운 왕이 되었습니다. 저도 좋은 기회라 생각합니다."

역시 서양갑이 제일 먼저 대답했다.

'상소문 쓰는 걸로 오랜 시간 내려온 법이 바뀔 수 있을까?'

---

* 서얼들이 과거 시험을 볼 수 있도록 허락하는 제도.

심우영은 회의가 들었다.

"좋은 생각이긴 하지만 우리 몇 명으로 될 일이 아니지 않습니까?"

박응서도 시무룩한 표정으로 되물었다.

"그러니까 되도록 많은 사람을 모아야지. 그걸 하자는 말일세."

박응서의 의심에도 허균은 개의치 않는다는 듯 크게 대답했다. 허균의 확신에 찬 얼굴을 보니 심우영도 마음이 바뀌었다. 까짓것 밑져야 본전이라는 생각도 들었다.

"허대감, 저도 합니다."

심우영까지 거들자 박응서도 고개를 끄덕였다. 하지만 마지못해하는 표정이었다.

가능하면 많은 서얼들의 이름으로 상소문을 올려야 하니 백방으로 연락을 돌리기로 했다. 뭔가 일이 되려나 희망이 생기자 심우영은 아픈 몸에도 기운이 도는 듯했다. 열띠게 의견을 말하는데 심섭이 인사를 하러 왔다. 그러더니 허균을 보며 반색을 했다.

"잠깐만 스승님을 독차지해도 되겠습니까?"

심섭의 손에 이끌려 허균이 나가자 서양갑이 샘이 나는 듯 불퉁하게 말했다.

"허대감은 애들한테도 인기가 많네그려."

허균이 심섭의 장난을 격 없이 잘 받아 주는 걸 심우영은 알고 있었다.

"어린애라고 함부로 대하지 않으니 좋아할 수밖에. 우리보다 먼저 상소문을 쓰자고 말씀하신 것만 봐도 인품이 넓으신 분이야."

심우영의 말이 끝나기 무섭게 박응서가 차갑게 말했다.

"허대감…… 우리 같은 서자들이랑 어울리는 것만 봐도 고맙고 좋은 분이지. 하지만 허대감과 우리는 가는 길이 달라. 나는 허대감에게 큰 기대를 품지 않겠네."

박응서가 마음의 빗장을 잠근 것처럼 차갑게 말했다. 심우영은 박대감에 대한 배신감 탓인가 싶으면서도 걱정이 됐다.

"허대감은 우리와 함께 끝까지 갈 분이야. 허대감을 안 믿으면 누굴 믿겠나?"

서양갑의 만류에도 박응서는 마음을 바꾸지 않았다.

"허대감을 믿는 것보다 더 빠른 길이 있네. 나는 무슨 일을 해서건 돈을 벌 걸세. 그래서 박대감 집 앞에 고랫등 같은 집을 지을 거네. 혹여 박대감이 죽어서 제삿날이 되면 그 큰집에서 잔치를 벌일 거네. 서자를 무시하면 어떤 일이 벌어지는지 모두에게 보여 줄 것이야."

바짝 선 목의 핏줄이 박응서의 분노를 보여 주었다.

면경 속
세상

 오랜만에 심우영의 집으로 향했다. 죽은 처와 친척 관계였지만 그 때문에 가까이 지낸 건 아니었다. 심우영과는 마음이 맞아 오랜 시간 너나들이 하는 친구로 지냈다. 더구나 요즘 그 집에 자주 가는 건 아들 섭이 때문이었다. 심우영이 점잖고 의젓해서 천생 선비라면 아들 심섭은 용감한 장군의 기상이 엿보였다. 어린 녀석이 여간 당차지 않았다.
 "저 녀석은 어째 지 애비보다 허대감을 더 닮은 듯합니다."
 심우영의 말처럼 허균은 심섭을 보고 있으면 어린 시절 자신의 모습이 떠올랐다.
 심우영의 집 가까이에 이르자 골목에서 씩씩거리는 소리가 들려왔다.
 "네까짓 게 뭣하겠다고 서당을 다녀?"
 "너 때문에 우리만 훈장님께 꾸중 들었잖아?"

어린애들끼리 싸우는구나 싶어 발길을 돌리려는데 낯익은 목소리가 들려왔다.

"그게 왜 내 탓이야. 너희들이 공부를 하지 않으니 그런 거지."

심섭이었다. 허균은 궁금증에 몰래 골목길을 들여다봤다. 심섭 주변으로 세 명의 또래 아이들이 둘러서 있었다. 심섭이 최근에 서당에 다닌다고 들었는데 아마도 세 놈이 서당 동무들인 듯했다.

'훈장님이 섭이만 칭찬을 했구먼. 그래도 지들 공부 안한 걸 왜 동무 탓으로 여기누. 못난 녀석들······.'

대뜸 나서서 심섭의 손을 잡아끌고 나올까 망설이는데 또 한 녀석의 말이 들려왔다.

"야, 서자 주제에 웬 말이 그렇게 많아? 어차피 서자들은 과거도 못 본다며?"

심섭보다 작은 아이였다. 볼살이 통통하게 오른 거며, 잘 다림질 된 복건을 보니 부잣집 도령 같았다. 녀석은 배를 불룩 내밀고 뒷짐까지 지고 제법 양반인 체했다.

'허, 어린 녀석이 저걸 어디서 배웠을까?'

허균은 같이 공부하는 동무에게 저렇게 무례한 말을 하는가 싶어 기가 찼다.

"너희는 그 귀로 도대체 무슨 소리를 들은 거냐? 훈장님이 학문을 배우는 목적이 어찌 과거에만 있겠냐며, 자신의 덕을 쌓아야 한다고 하시지 않았니?"

옳지, 말 잘했다, 허균이 몰래 박수를 쳤다 심섭은 세 녀석을 향해 딱하다는 눈빛을 보내고 혀까지 끌끌 찼다. 서자 출신이라는 말에 주눅부터 들 줄 알았는데 의연히 잘 받아쳤다.

상대 아이는 심섭의 딱 떨어지는 대답에 할 말을 잃은 듯 대꾸를 못했다. 다른 두 녀석도 말없이 얼굴만 찡그렸다. 시시한 싸움에서 이겼다고 생각했는지 심섭이 씨익 웃으며 돌아섰다. 그런데 볼살 통통한 도령이 뒤돌아선 심섭의 엉덩이를 향해 갑자기 발길질을 했다. 말로 안되니 성질이 오를 대로 오른 모양이었다.

다른 이라면 얼른 아이들 사이로 들어가 싸움을 말렸을 텐데 어쩐 일인지 허균은 느긋했다. 심섭은 방에서 맹자 왈 공자 왈 하는 아이들이랑 달랐다. 집안의 자잘한 심부름은 물론 힘 깨나 쓰는 잡일도 도맡아 했다. 웬만한 일은 혼자서 해결하는 아이였다.

'욘 석아, 너 임자 만났다. 그러기에 왜 함부로 발길질을 해?'

허균의 짐작대로 심섭이 도령을 향해 돌아서며 가차 없이 발길질을 했다. 퍽, 제대로 소리가 나더니 도령이 넘어졌다. 그리고 으앙 울음을 터뜨렸다.

"왜 남의 엉덩이를 걷어차? 네가 한 것처럼 똑같이 했으니 비긴 거다."

분명히 한 편을 먹고 싸움을 시작했을 텐데 다른 두 녀석은 심섭의 위력적인 발길질에 놀랐는지 꼼짝도 하지 않았다. 할 수 없이 심섭이 넘어진 도령의 손을 잡아 일으켰다. 그런데 넘어지면서 얼굴을 부딪쳤는지

도령의 코에서 피가 흘렀다.

"어, 피 난다."

코피를 보자마자 다른 두 녀석은 부리나케 도망가 버렸고, 자기 코피에 놀란 도령은 더 큰 소리로 울었다.

"내가 누군지 알아? 아니, 우리 할아버지가 누군지 알아? 너 가만 안 둘 거야. 엉엉!"

도령은 속이 상한지 아주 목청껏 울어 댔다. 얼마나 대단한 집안이라고 할아버지까지 들먹이나 싶어 허균은 눈살을 찌푸렸다. 어른들의 못된 버릇을 아이가 그대로 물려받은 격이었다.

"내가 너희 할아버지까지 알아야 할 필요는 없지. 그리고 사내대장부가 무슨 그만한 일로 우냐? 코피는 금세 그쳐. 어른들 걱정하시지 않게 냇가에서 세수하고 들어가."

심섭은 몇 살 더 먹은 형마냥 도령의 어깨를 다독였다. 도령은 화가 덜 풀렸는지 씩씩거렸지만 이내 풀이 죽어 집으로 뛰어갔다. 도령이 가 버린 뒤 심섭도 골목을 빠져나왔다. 그러다 골목 입구에 서 있는 허균을 보더니 깜짝 놀랐다.

"어, 스승님! 여기엔 어쩐 일이십니까?"

좀 전의 싸움을 봤을까 봐 걱정하는 눈치였다.

"심선비를 보러 집에 가는 길이었다. 서당 끝나고 가는 길이냐?"

허균이 모른 척하자 거기에 깜빡 속은 심섭이 태연하게 대답했다.

"아버지는 지금 장사하러 나가셔서 집에 안 계십니다. 연락이라도 넣고 오셨으면 헛걸음 안 하셨을 텐데…….”

벼슬길이 막혔으니 심우영은 뭐라도 밥벌이를 해야 했다. 그간은 부인의 삯바느질로 겨우 사는 눈치더니 그나마 전쟁 후 일거리가 끊겨 사는 것이 궁한 모양이었다. 지난번 고생에도 다시 장사에 나선 건 이런 사정 때문이었다.

'남한테 싫은 소리 한번 못하는 그 주변머리로 무슨 장사를 할까?'

허균은 심우영의 성격을 알기에 걱정이 앞서 심섭에게 넌지시 물었다.

“아버지가 집에 오실 때 양식이라도 들고 오시니?”

기대도 않고 물었는데 대답이 의외였다.

“네, 장사가 아주 잘된다 합니다. 양식거리는 물론이고 지난번엔 어머니 옷감도 끊어 오셨어요.”

양식거리에 아내의 옷감까지? 전쟁 후라 다들 살림이 어렵다는데 무슨 장사를 하기에 그만한 돈을 벌었을까? 허균은 다행이다 싶으면서도 고개가 갸우뚱해졌다.

심우영의 집은 북촌이었다. 본가로부터 나올 때 받은 집이라 형편에 어울리지 않게 사대부들이 사는 곳이었다. 하지만 전쟁 통에 많이 망가졌고 돈이 없어 제대로 수리를 하지 못해 벽마다 금이 가고 대문에도 큰 구멍이 뚫려 있었다. 아버지가 참판까지 갔던 양반이라고 했지만 역시 서자라 분가한 뒤에는 일체 도움도 받지 못했다. 양반도 천인도 아닌 어정쩡한 심우영의 처지처럼 그의 집도 대갓집들 속에 초라하게 끼어 있었다.

허균은 익숙하게 사랑채로 들어 심섭에게 오늘 서당에서 배운 걸 외워 보라 했다.

"일월영측(日月盈仄), 날일 달월 찰 영 기울 측, 해는 서쪽으로 지고 달도 차면 이지러진다는 뜻입니다."

우주의 이치를 나타내는 사자성어였다.

'훈장님께 배운 대로 잘 외웠구나, 이러니 동무들이 시샘을 했군.'

허균이 흐뭇하게 웃으며 말했다.

"맞았다. 하지만 달리 생각하면 만월이었던 달이 이지러지는 것처럼 사람도 어려워질 때를 생각해 항상 겸손해야 함을 뜻한단다. 또 다른 것도 외워 보거라."

허균과 심섭이 묻고 답하는데 바깥이 소란스러웠다.

"도련님, 누가 찾아오셨습니다. 어서 나와 보세요."

하인의 목소리가 급했다. 어린아이를 찾을 사람이 누군가 싶어 허균이 먼저 마당에 갔더니 뜻밖에 이이첨이 보였다. 몇해 전 동궁전에서 얼굴을 붉히고는 처음 만나는 자리였다. 여기는 어쩐 일인가 싶어 물어보려는데 대감 앞에 아까의 볼살 통통한 도령이 보였다. 그리고 보니 도령도 심술보처럼 늘어진 대감의 볼을 쏙 빼닮아 있었다. 아마도 이이첨의 손자리라.

"대감, 그간 안녕하셨는지요?"

허균이 먼저 인사를 건네자 이이첨이 형식적으로 고개를 까닥하고는

85

헛기침을 하며 뒷짐을 졌다. 도령도 뒷짐을 진 채였다.

"퇴궐하는 길에 손자를 만났는데 어느 놈에게 맞아 코피를 흘리고 있지 않겠는가. 도대체 누가 그랬나 물었더니 심섭이란 아이라며 집을 알려 주어 찾아온 걸세. 그런데 자네는 여기 어쩐 일인가?"

말을 하는 이이첨의 볼살이 부르르 떨렸다. 손자가 맞았으니 속상하고 화난 것은 이해했지만 그래도 어린아이들 싸움인데 파랗게 질린 얼굴로 쫓아와야 했나 싶었다. 성질을 못 이겨 발길질을 하는 손자나 할아버지나 똑같았다.

윤기 나는 비단 관복을 입은 이이첨의 옷차림에 놀랐는지 심섭이 허균 뒤로 숨었다. 어느새 달려온 심우영의 노모도 어쩐 일인가 싶어 좌불안석이었다.

"저는 친구 집이라 잠시 들렀습니다. 가만 보니 여기 도령이 대감의 손자였군요. 기품이 흐르는 것이 대감과 많이 닮았습니다."

허균은 이이첨의 기분을 풀어 주려 괜한 칭찬을 늘어놓았다. 그런데도 이이첨은 마뜩치 않은 눈빛으로 집안을 한 바퀴 휙 둘러보더니 허균을 딱하게 바라봤다. 어찌 이런 집안을 친구로 사귀는가 하는 눈빛이었다.

"그건 그렇고, 우리 손자를 때렸다는 아이가 저 아이인가 보군. 네 이놈, 감히 어디라고 주먹을 들이대느냐? 네가 정녕 무서운 맛을 봐야겠느냐?"

어린아이 앞에서 못하는 말이 없었다. 성질 같아선 똑같이 큰소리로 대꾸하고 싶었지만 허균은 일을 크게 만들기 싫어 꾹 참고 말했다.

"섭아, 어서 잘못했다 아뢰어라."

허균은 이렇게 하면 자신의 얼굴을 봐서 넘어갈 거라 생각했다. 그런데 미적거릴 거라 여겼던 심섭이 큰 숨을 내뱉으며 이이첨 앞으로 나섰다.

"대감, 저는 주먹으로 때리지 않고 엉덩이를 한 대 쳤습니다. 물론 그것도 잘못한 일이지만 저를 놀리고 먼저 발길질을 한 것은 대감의 손자였습니다."

심섭의 당돌한 대답에 이이첨의 얼굴이 붉으락푸르락했다.

"뭣이라! 양반가의 자제가 뭣하러 너 같은 놈을 상대했겠느냐? 네가 정녕 거짓을 고한다면 나도 가만두지 않을 테다. 어서 바른대로 말하지 못하겠느냐?"

큰 목청에 주눅이라도 들 줄 알았는데 심섭은 지지 않겠다는 듯 또박또박 대답했다.

"오늘 대감의 손자는 서당에서 글을 외우지 못해 심하게 꾸중을 들었습니다. 그런데 제가 칭찬받은 것이 못마땅했는지 집으로 오는 길에 과거도 못 보는 서자가 뭣하러 글공부를 하냐며 놀리고 발길질을 했습니다. 제 말을 믿지 못하신다면 직접 물어보십시오."

구체적인 심섭의 말 때문인지 이이첨이 손자에게 저 말이 사실이냐고 물었다. 도령은 자신을 노려보는 심섭의 날카로운 눈빛과 어서 말하라며 다그치는 할아버지 눈빛 사이에서 곤혹스러워하다가 훌쩍이며 눈물을 떨어뜨렸다. 이이첨은 잠깐 당황한 얼굴이었지만 이내 전후 사정을 눈치채고 수염을 쓰다듬었다.

"네 이놈, 어느 안전이라고 큰소리를 치느냐? 그리고 서자가 과거를 못 보는 게 거짓말도 아니건만 그걸 트집 잡아 잘못을 뒤집어씌우려 하는 게냐?"

이이첨은 손자의 잘못을 감추려 억지까지 부렸다. 이이첨의 태도가 미워 허균이 한마디 하려고 했다. 그런데 심우영의 노모가 허균의 옷소매를 붙들었다. 일을 더 크게 벌이지 말아 달라는 뜻이었다. 허균도 노모의 부탁을 거절할 수는 없었다.

"섭아, 선비는 자신의 잘못을 깨끗이 승복하는 법이다. 너도 발길질을 했다고 인정했으니 대감께 사죄를 드리거라."

못마땅한 표정이었지만 심섭은 이이첨을 향해 허리를 깊이 숙였다. 본전도 못 찾고 돌아가게 된 이이첨도 이쯤에서 물러나는 것이 좋겠다 싶었는지 발길을 돌렸다. 그런데 대문을 나서기 전 허균을 돌아보며 차갑게 한마디 건넸다.

"요즘 안 좋은 소문이 떠돌고 있다더군. 혹시라도 허튼 생각을 할까 미리 말해 두자면 이 나라는 종이 몇 장에 무너질 기강이 아닐세. 자네도 괜한 일에 엮이지 말고 몸조심하게."

이이첨이 말한 종이 몇 장이란 건 서얼들의 상소였다. 허균은 서얼들과 함께 '서얼 허통'에 대한 상소문을 준비하고 있었다. 이이첨이 발이 넓다 하더니 어찌하여 그 소문까지 들은 모양이었다. 허균은 오싹 소름이 돋았다.

따스한 햇살이 문풍지를 뚫고 들어왔다. 환한 햇빛 속에서 책장을 펴고 있는데 갑돌 아범의 목소리가 들렸다.

"나리, 웬 녀석이 뵙겠다고 찾아왔습니다. 어떻게 내쫓을갑쇼?"

가난한 살림에도 불평 한마디 없이 집안을 보살피는 갑돌 아범의 목소리가 어쩐 일로 불퉁스러웠다.

"진짜 만나기로 약속했다니까요?"

갑돌 아범의 말에 이어 씩씩거리는 사내 녀석의 목소리가 들렸다. 허균이 글을 쓸 때면 일체 방해받지 않는 걸 아는 갑돌 아범이 녀석과 한바탕 실랑이라도 벌인 모양이었다.

"아범, 손님을 들여보내 주게."

허균의 짐작대로 심섭이 구겨진 옷매무새를 고치며 방으로 들어왔다.

"보여 주신다고 했던 것이 저것입니까? 멱 감을 때 냇물에 비치는 것보다 더 또렷하게 제 얼굴이 보인단 말씀이 사실입니까?"

심섭은 오자마자 면경을 가리켰다. 오래전 명나라 유리창 거리에서 사온 면경 얘기를 듣고 몹시 궁금해하기에 한번 오라 했더니 그 말을 잊지 않고 찾아온 거였다.

"이게 정말 제 얼굴입니까?"

심섭은 면경 속에 비친 제 얼굴이 신기한 모양이었다.

"못 믿겠으면 한번 꼬집어 보아라. 면경 속의 못난이도 따라 할 테니."

심섭이 얼굴을 아프게 꼬집자 면경 속의 아이가 아얏, 큰 소리를 질렀다.

"아니, 소리도 납니까?"

"그건 네 소리잖니. 그것도 분간 못하다니 정말 못난이가 맞구먼 그래."

허균의 놀림에 심섭이 입을 비죽 내밀었다. 그러나 놀림에도 아랑곳하지 않고 거울을 향해 아, 소리를 지르고는 혹여 거울 속의 아이가 말을 할까 귀를 갖다 대었다. 심섭은 한참 동안 면경을 향해 입을 벌렸다 오므렸다, 한쪽 눈을 감았다 떴다, 혀를 내밀었다 집어넣었다 하며 시간을 보냈다. 허균은 그런 심섭을 바라보다가 말을 꺼냈다.

"섭아, 이제 정말 신기한 걸 보여 주마. 면경에 대고 오른손을 들어 보아라. 면경 속의 아이는 어떻게 하고 있느냐?"

손을 들고 있다는 당연한 대답이 나왔다.

"그래 손을 들고 있지. 그런데 면경 속의 아이는 어느 손을 들고 있느냐?"

"뭘 그런 걸 물어보십니까? 저와 면경 속의 아이가 같으니 제가 오른손을 들면 저 아이도 오른손을 들고 있겠지요. 어? 저 아이는 왼손입니다. 이게 어떻게 된 것입니까?"

심섭은 오른손을 내렸다 올렸다 하며 면경 속을 뚫어지게 보았다.

"명나라 사람이 그러더구나. 이것이 바로 면경의 마술이라고"

허균이 말을 하는 동안에도 심섭은 오른손 왼손을 번갈아 들었다 내렸다 했다.

"너를 오라 한 건 면경의 마술을 보여 주기 위해서였다. 면경 속의 아이는 분명 섭이 너다. 그런데 네가 오른손을 들 때 면경 속의 아이가 왼손을, 네가 왼손을 들 때 면경 속의 아이가 오른손을 드는 것처럼, 지금과 다른 세상도 있음을 알려 주고 싶었다. 가만 생각해 보아라. 우리 모두 인간의 몸으로 똑같이 태어났거늘 어찌하여 누구는 귀하고 누구는 천하다 할 수 있겠느냐? 어쩌면 먼 훗날에는 모두가 똑같이 대접받는 그런 세상이 올 수도 있겠지."

심섭이 허균의 말에 정색하며 물었다.

"그게 어떤 세상인가요? 서자도 차별받지 않는 세상 말씀이신가요?"

허균이 그렇다고 하자 못 믿겠다 듯 심섭이 머리를 흔들었다.

"정말로 그런 세상은 올까요?"

그런 세상이 과연 올까. 세자를 설득하고, 임금에게 상소문도 올리고, 할 수 있는 일들은 다 해봤지만 소용이 없었던 일들. 어쩌면 허균 자신도 확신하지 못했다. 그런데 초롱초롱 빛나는 눈동자에 대고 그 말을 할 수 없었다. 이 아이에게만은 희망을 전해 주고 싶었다.

"오고말고……. 그리 안 되면 우리가 만들어야지."

심섭은 허균의 말이 믿기지 않은 듯 한참 동안 면경만 바라봤다. 그러고는 면경 속의 아이를 향해 환한 웃음을 보냈다.

윤리를
넘어서는……

"춘래불사춘(春來不似春). 봄이지만 봄이 온 것 같지 않구나."

허균 옆에 있던 갑돌이가 주위를 두리번거렸다. 갑돌 아범이 갑자기 세상을 뜨면서 이제는 갑돌이가 허균을 살뜰히 보살폈다.

"그게 무슨 말씀이래요? 저기 진달래도 피고 민들레도 지천인데 왜 봄이 아니래요? 대감마님, 혹시 이게 몇 개로 보이세요?"

갑돌이가 손가락 세 개를 펴서 허균의 눈앞에 대고 흔들었다.

"예끼 이놈아, 다섯이라고 말할 줄 알았더냐? 봄이 왔지만 내 마음에 봄이 오지 않았음을 말하는 거다."

나불나불 말 많은 갑돌이 녀석이 갑자기 입을 다물었다. 제 딴에는 마음 복잡한 주인을 거스르지 않으려는 노력이었지만 갑돌이가 입을 닫으니 봄나들이 길이 한없이 적적했다.

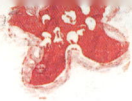

'어김없이 봄은 오는데 내 마음엔 어찌 봄이 오지 않았나? 벼슬이 없어도 스스로 만족하면 될 것을…… 아직도 덕이 부족한 탓인 게지.'

지난해 말, 허균은 명나라 진주사로 발령이 났다. 급하게 길 떠날 준비를 하던 허균에게 이틀 후 발령이 취소됐다는 소식이 전해졌다. 모처럼 열린 벼슬길에 기뻐하던 가족들은 갑작스러운 취소에 무척 실망했다. 허균도 무안하고 슬그머니 열이 올라 그 사연이 무언가 비밀리에 알아봤더니 그 중심에 이이첨이 있었다. 서자들과 어울리는 품행을 문제 삼았다는 소문도 들었다.

'내 출세를 위해 서자 친구들과 인연을 끊어야 하는가?'

잠시 고민을 했지만 허균은 고개를 저었다. 그러면서까지 벼슬길에 나서고 싶진 않았다.

과거에 합격했을 때만 해도 허균은 자신만만했다. 그런데 그건 착각이었다. 실력에 관계없이 자신과 가까운 사람을 벼슬에 추천하는 못된 풍토가 조정을 휩쓸고 있었다. 자유롭게 행동하는 허균을 추천해 줄 사람은 없었고 허균은 성에 차지 않은 벼슬 자리를 맴돌다 그마저도 수시로 쫓겨났다. 파릇파릇 만물이 깨어나는 봄이었지만 허균의 신세는 여전히 벼슬 없는 선비였다. 벼슬에 뜻을 두지 않으리라 마음먹었지만 아쉬움이 남는 것도 사실이었다. 그 아쉬움을 뒤로 하고 허균은 남해로 향했다. 당분간 마음을 정리하고 글도 쓰면서 시간을 보낼 예정이었다.

'섭이를 위로할 새로운 세상 이야기를 쓰고 싶은데······.'

흥흥흥, 어느새 갑돌이가 콧노래를 부르며 앞서 걸었다. 잠시 주인의 기분을 살폈지만 스무 살 청년이 나른한 봄기운을 이길 순 없을 터였다. 허균을 태운 말도 갑돌이의 뒤를 자박자박 따라갔다. 꽃향기 진한 계축년(1613년) 봄이었다.

정자에 앉아서 바라보는 봄 정취가 울적했던 허균의 마음을 달래 주었다. 무륜당(無倫堂), 윤리가 필요 없는 집이란 뜻이었다. 세상의 잣대인 윤리를 뛰어넘어 살겠다는 이들의 생각을 모은 이름이었다. 차별 없는 평등한 세상을 만들겠다는 생각에 허균도 무륜당 이름이 마음에 들었다.

"혼자서만 좋은 곳에 가시려고요? 가시려거든 저도 데려가시고, 아니면 여기 계세요."

뭉툭한 콧방울을 씰룩대며 골난 듯 말하는 서양갑이었지만 허균은 그의 진득한 마음을 알고 있었다. 고뿔을 앓다 겨우 일어난 허균의 건강을 염려해서 여기에 붙들어 두려는 거였다. 박응서도 허균의 먼 여정을 걱정했다.

심우영, 서양갑, 박응서처럼 마음 맞는 몇 친구가 한양 살림을 정리해 여주에 모인 것이 지난가을이었다. 어디서 돈을 융통했는지 크게 장사를 시작했고 제법 이문도 남기는 눈치였다. 밥술이라도 뜨는 눈치여서 다행이다 싶었지만 세월을 못 만난 탓에 장사치로 떠도는 그들의 능력이 안타까웠다.

"응서, 자네는 마음이 좀 가라앉았는가?"

박대감이 양자를 들이는 문제로 한동안 마음이 무거웠던 박응서였다.

"언제인들 세상이 제 뜻대로 움직였던가요? 열심히 다른 길을 찾고 있으니 너무 염려 마십시오."

말을 마친 박응서가 입을 굳게 다물었다. 전과 다르게 박응서의 굵은 눈썹이 분노로 꿈틀거리는 듯했다. 눈매도 여느 때보다 매섭게 느껴졌다.

"다른 길이라면 무얼 말하는가?"

허균은 혹여 박대감을 향한 복수를 뜻하는가 싶어 입이 바싹 탔다.

"임진년 난리를 겪고 보니 돈이 최고더군요. 그동안은 혹시나 싶어 과거 준비도 했는데 이젠 미련을 버렸습니다. 앞으로는 닥치는 대로 돈만 모을 생각입니다."

서자 출신의 새로운 왕에게 얼마나 많은 기대를 걸었던가? 과거를 볼 수 있게 될 거라고, 지긋지긋하게 대물림 되는 서자 신분을 끝낼 수 있을 거라고 한껏 기대했지만 변한 건 없었다. 가망 없는 희망을 갖고 사는 것보단 체념이 나을 수도 있었다. 양반 신분에 대한 미련을 접고 장사를 하는 것도 괜찮았다. 그런데 박응서의 말이 이처럼 거칠었던가? 닥치는 대로라니? 박응서는 영락없는 선비였다. 그런데 그동안의 장사치 경험이 이렇게 만든 건가 허균은 궁금하고 걱정스러웠다.

"자네는 무슨 장사를 해서 돈을 벌었나?"

허균의 물음에 순간 박응서가 움찔했다. 무슨 못할 말을 했나 싶어 심우영을 봤더니 얼굴이 붉어진 채 고개를 푹 숙이고 있었다. 이상했다. 서양갑이라면 말해 주지 싶었는데 그도 먼산바라기만 했다. 뭔가 비밀스러운 분위기였다. 장사로 돈을 버는 것이 부끄러워 그러나 싶었지만 그리 생각해도 괴괴한 분위기는 이해하기 힘들었다. 거침없이 말을 내뱉는 서양갑마저 이러니 분명 뭔가 숨은 사연이 있었다.

묘한 긴장을 끊은 건 심섭이었다.

"스승님, 오시는 데 불편 없으셨습니까?"

심섭은 어느새 허균의 키를 훌쩍 넘어서 있었다. 못 본 사이 코 아래로 수염까지 송송 나 제법 어른 티가 났다. 심섭의 등장을 허균보다 반긴 건 세 사람이었다.

"섭아, 스승님 모시고 강가 좀 산책하고 오거라. 우리는 그동안 여기에 근사한 상을 차려 놓을 테니."

허균도 못 이기는 척 심섭과 천천히 강변을 걸었다.

"섭이는 요즘 무얼 공부하고 있느냐?"

나란히 걷던 심섭이 옆으로 돌아서며 허균을 정면으로 바라봤다.

"저는 이제 책을 읽지 않습니다. 학문이 세상을 바꿀 거라 믿지 않기 때문입니다."

끊임없이 글공부에 매진하라고 충고했던 허균이었기에 심섭의 말은 충격이었다. 하지만 어째서 책을 안 읽느냐며 나무랄 수도 없었다. 서자들에게 글공부란 헛짓이었다. 목적지가 다를 줄 뻔히 알면서 출발하라고, 열심히 달리라고 말하는 것과 같았다.

"아버지도 책을 많이 읽으셨지만 결국 공부를 써먹지 못했지요. 저도 그럴 테고요. 글을 읽으면 과거를 보고 싶고, 그래서 높은 벼슬에 올라 주상 전하를 뫼시고 싶다는 꿈을 꾸게 됩니다. 글공부를 많이 할수록 저는 더욱 괴로워집니다."

홀쩍 자란 키만큼 심섭의 고민도 깊어져 있었다.

"섭아, 좋은 세상이 올 테니 기다려 보자꾸나."

허균은 부질없는 말인 줄 알면서도 다른 말을 할 수 없었다.

"더 이상은 그런 말씀하지 마십시오. 일전에 저에게 면경을 주셨던 것 기억하시죠? 아직도 면경을 보고 있으면 신기한 생각이 듭니다. 내

가 오른손을 들고 있는데 면경 속의 아이는 왼손을 들고 있으니 말이지요. 그런데 그건 면경 속에서만 가능하지요. 제가 오른손을 들고 있는데 그걸 왼손이라고 하는 사람은 없으니까요. 저는 조금씩 마음을 내려놓는 연습을 하고 있습니다. 과거를 못 봐도 그러려니, 벼슬을 못해도 그러려니, 누가 나를 무시해도 그러려니 할 겁니다. 어떤 일에도 가슴 아파하지 않고 둔해질 것입니다. 그래야 서자의 신분을 물려준 아버지를 덜 미워할 테니까요."

담담히 말을 마친 심섭이 주룩 눈물을 흘렸다. 그 눈물을 닦아 주지도 못하고 허균은 무심한 강물만 바라봤다.

파도 소리 요란한 바닷가를 산책하며 허균은 골똘히 생각에 잠겼다. 조용히 마음을 정리하러 왔는데 강가에서 나눴던 심섭과의 대화가 계속 머릿속에 떠올랐다. 심섭의 솔직한 말에 허균은 무력감을 느꼈다.

'섭이의 눈물을 닦아 줄 세상은 없는 걸까?'

거짓과 불합리로 가득 찬 시대였다. 서자 출신의 왕이 서자를 차별하는 세상이었다. 어쩌면 심섭에게 헛된 궁리 말라고 진즉에 말해야 했는지도 몰랐다.

쏴아아 거센 파도가 밀려왔다. 어이쿠, 하면서 뒤로 물러섰지만 이미 버선까지 적신 뒤였다. 축축한 버선을 갈아 신기 위해 돌아가려 했는데 갑돌이가 보이지 않았다. 녀석을 부르려는데 저 멀리 웅크리고 있는 모습이 보였다. 무얼 하는 건가 싶어 가까이 가 보니 바위를 긁고 있었다.

"잠시만 기다리세요. 이거 긁어서 저녁에 국 끓일게요."

갑돌이가 긁고 있는 건 바위에 붙은 김이었다. 김으로 국을 끓여 먹으면 된다고 옆집 사는 어부가 말해 줬단다. 그런데 자세히 보니 갑돌이의 노력에 비해 긁어내는 양이 적었다. 뭘 얼마나 먹겠다고 저런 짓을 하나 싶어 허균은 어서 가자고 재촉했다.

"두 손 놓고 놀면 뭐해요. 이렇게 하면 저녁 한 끼는 먹잖아요."

손목의 힘줄이 드러나도록 갑돌이는 힘을 주며 바위를 긁어 댔다.

길 못 찾으랴 싶어 갑돌이를 놔두고 돌아서는데 갑자기 머릿속이 찌르르 울렸다. 두 손 놓고 놀면 뭐해요, 천성이 부지런한 갑돌이가 자주 하는 말이었다. 그래 놀면 뭐하겠는가? 아무것도 하지 않고 있으면 변하지 않았다. 갑돌이의 노력으로 저녁 한 끼가 해결되는 것처럼 세상은 별 볼일 없는 사람들의 하찮은 노력으로 돌아갔다. 그 당연한 이치를 이제껏 몰랐다니…….

계란으로 바위 치기라고, 어리석은 짓이라고 높은 곳에 앉는 사람들은 비웃을 것이다. 하지만 그들은 몰랐다. 계란으로 바위를 부술 순 없겠지만 더럽힐 수는 있다는 걸. 바뀌지 않을 거라고, 거짓과 불합리로 가득 찬 세상을 외면한다면 아무도 알지 못할 터였다. 알려야 했다.

'그래, 글을 쓰자. 세상을 바꾸는 글을 쓰자.'

마음 바쁜 허균이 허둥대며 집으로 돌아갔다.

"같이 안 간다고 화나셨어요? 아휴, 뭔 양반이 저리 속이 좁은지…… 인정은 많은데 철이 없다더니, 돌아가신 아버지 말이 딱 맞구먼."

허균의 마음을 알 리 없는 갑돌이가 괜한 오해를 하며 바위를 긁어 댔다.

서자가 주인공인 글을 쓰겠다는 말에 갑돌이는 무척 놀랐다. 그걸 쓰고도 무사하겠냐며 걱정도 했다. 하지만 허균은 심섭에게 세상이 변할 수 있음을 보여 주고 싶었다.

허균은 시간이 날 때마다 눈을 지그시 감고 똘똘하고 용감한 서자 아이를 생각했다. 이름도 날쌔 보이는 홍길동으로 정했다. 허균의 마음속에서 자라난 홍길동이 종이로 옮겨지는 사이 무륜당에서 인편으로 양식을 보내왔다. 장사가 잘된다더니 허균에게까지 인심이 후했다. 도대체 무슨 장사를 하기에 저리 돈이 넘칠까 의아했지만 당장 양식이 떨어져 힘들던 터라 허균은 궁금함보다는 반가운 마음이 더 컸다. 무엇보다 양식과 함께 온 심섭의 편지가 외로운 생활에 기쁨을 안겼다.

스승님, 잘 내려가셨습니까? 일전에 본가에 다니러 왔던 갑돌이가 잠시 들러 그곳의 생활에 대해 일러 주었습니다. 이야기를 짓고 계신다고요? 그것도 홍길동이라는 서자가 주인공이라고요? 게다가 언문으로 쓰신다고요? 아버지는 어쩌자고 그런 무서운 이야기를 쓰려 하시냐며 걱정이 많으십니다. 그런데 저는 그 말을 듣고 몹시 기뻤습니다. 서자도 이야기의 주인공이 될 수 있다는 것에 어깨가 으쓱했습니다.

알아서 잘 쓰고 계시겠지만 저도 작은 바람이 하나 있습니다. 주인공이 멋있는 모습이었으면 해서요. 그래야 세상을 바꿀 수 있지 않겠습니까? 너무 주제넘은 참견인가요? 스승님의 멋진 작품을 기다리고 있겠습니다.

전보단 많이 밝아진 심섭의 모습이 글에서도 느껴졌다. 허균은 다행이다 싶었지만 체념도 끝에 이르렀다는 사실을 알기에 안타까운 마음이 컸다.

'세상을 바꿀 만한 주인공이라…… 그렇다면 영웅호걸의 모습을 담아내야겠군.'

허균은 심섭의 의견을 받아들였다. 가끔은 갑돌이의 말을 따르기도 했다.

"갑돌아, 네가 만약 길동이처럼 아버지도 형도 부르지 못한다면 어찌겠느냐?"

글 쓰는 데 방해가 될까 봐 조용히 방을 훔치던 갑돌이가 걸레를 던져 놓고 골똘히 생각에 잠겼다. 한참을 그렇게 있던 갑돌이의 눈가가 차츰 붉어졌다.

"못 부르게 한다고 홍판서가 길동의 아버지가 아닌 건 아니잖아요. 눈 감고 아웅 하는 것도 아니고 어떻게 그럴 수 있대요? 저처럼 천한 것도 아버지, 어머니를 원 없이 부르며 자랐어요. 저 같으면 집을 나가겠어요!"

갑돌이는 화난 것처럼 주먹을 부르르 떨었다. 허균은 갑돌이를 보고 있자니 박대감 일로 분노했던 박응서의 모습이 떠올랐다.

'한 번도 아버지라 부르지 못했던 응서의 한도 풀어 줘야겠군. 그래, 길동이가 집을 나갈 때 홍판서가 아버지라 부르는 걸 허락하도록 써야 겠어.'

철썩철썩, 파도 소리 들리는 바닷가 방에서 허균은 날마다 홍길동 이야기를 썼다. 세상에서 가장 멋진 서자 홍길동이 세상을 향해 나올 준비를 하고 있었다.

죽어도 같이 죽고 살아도 같이 살자던 그 맹세

"전하, 광창부원군 드셨습니다."

문이 열리자 지엄한 임금의 얼굴이 보였다. 왕위에 오른 지 5년, 어엿한 군주의 풍모가 느껴졌다. 임진년 불길에 다친 오른팔이 아직도 쑤셨지만 이이첨은 두 손을 모으고 허리를 굽혀 임금에게 예를 다했다.

자신의 손으로 올린 왕이었다. 이이첨은 오래도록 왕좌를 유지하도록 목숨을 다해 지켜 주리라 용안을 보며 다시 맹세했다. 외손녀를 위해서라도 꼭 그리되어야 했다. 이이첨의 외손녀가 세자비였다.

"요 며칠 용안이 어두우셨단 말을 전해 들었습니다. 혹시 그 연유가 연흥부원군⋯⋯."

이이첨이 말을 끝내기도 전에 임금이 가까이 오란 손짓을 했다.

"연흥부원군께서 요즘 부쩍 인목대비를 자주 찾아뵙는단 소문을 들었습니다."

임금이 얼굴을 찌푸리며 관자놀이를 만졌다. 연흥부원군은 인목대비의 아버지였다. 임금이 두 사람의 만남에 신경을 쓰는 건 선왕의 적자인 영창대군을 의식한 탓이었다.

'주상 전하께서 왜 이리 얼굴이 어두우실까? 혹시 두 사람이 모의하여 영창대군을 옹립할지 모른다고 걱정하는 건가? 그럴 리는 없어. 영창대군은 고작 여덟 살일 뿐이야.'

임금이 이이첨의 얼굴을 애타게 바라봤다. 연흥부원군과 인목대비가 왜 만났는지 이이첨은 알지 못했다. 그러니 임금에게 올릴 말도 없었다. 임금도 이를 모를 리 없건만 자신을 부른 이유는 아픈 맘을 위로받기 위해서였다. 주상 전하의 오른팔 이이첨이 여기 있습니다, 하는 믿음을 줘야 했다.

"신은 언제나 작은 것 하나까지 촉각을 곤두세우며 전하를 지키고 있사옵니다. 연흥부원군 안팎을 샅샅이 조사하고 있으니 걱정하지 마시옵소서. 신의 충심을 믿으시고 심려를 거두어 주시옵소서."

이이첨은 아픈 오른팔에 힘을 주며 바닥에 머리가 닿도록 조아렸다.

"아무렴요, 저는 부원군 대감만 믿겠습니다."

임금의 그윽한 음성이 내전에 울렸다.

임금의 걱정을 어떻게 해결해야 하나 고민하고 있을 때 이이첨에게 좋은 정보가 하나 들어왔다.

"나라가 어찌 되려고 이러는지 명문가의 서자들이 사람을 죽였습니다. 아무리 돈에 눈이 멀어도 그렇지. 쯧쯧."

포도대장 한희길의 말이 귀에 쏙 들어왔다. 포도대장도 이이첨의 사람이었다. 연흥부원군의 움직임을 눈여겨보고 말해 달라 부탁했기에 종종 만남을 가져 왔었다. 문경 새재에서 은상을 죽인 사건이 발생했는데 범인을 잡고 보니 모두 영의정, 목사, 감사를 지낸 명문가의 서자들이었다고 했다.

'서자들이라! 허균도 어쩌자고 그런 치들과 어울렸는지.'

문득 몇 해째 벼슬도 못 얻고 떠돌아다니는 허균의 얼굴이 떠올랐다. 그리고 오래전 자신의 손자에게 발길질을 했던 어느 서자 놈의 얼굴도 같이 생각났다.

"박응서, 심우영, 서양갑, 이경준……."

한희길이 범인들의 이름을 말하는데 유독 낯익은 이름 하나가 있었다. 심우영? 버르장머리 없이 당당했던 녀석의 아비 이름이었다.

"이보게, 도대체 어떤 사건인지 자세히 말해 보게."

사건에 관한 이야기를 듣는데 이이첨의 머릿속이 한순간 번쩍했다.

"그치들은 그 많은 은을 훔쳐 뭘하려고 했다던가?"

"그야, 벼슬길도 막혀 있으니 먹고살려고 훔쳤겠지요."

이이첨은 한희길의 대답을 듣고서도 한동안 눈을 감고 생각에 잠겼다. 한희길은 무슨 실수라도 했나 싶어 괜히 마음을 졸였다. 임금의 오른팔 이이첨의 눈 밖을 벗어나서는 안 되었다.

한참 후에야 이이첨이 눈을 떴다.

"그들 중에 가장 만만해 보이는 자가 누구더냐? 쉽게 마음을 돌릴 자 말이다."

영문은 알 수 없었지만 한희길은 공손하게 대답했다.

"그들은 의형제를 맺은 자들입니다. 지금도 누가 은상을 죽였는지 물어도 모두 자기가 죽였다며 나머지 친구들은 아무 죄가 없다는 말만 하고 있습니다."

피로써 맺은 의리를 내세우며 누가 범인인지 말을 하지 않는 통에 수사를 하는 한희길도 애를 먹고 있었다.

"의리? 얼어 죽을 의리? 그런 것은 없네. 다 자신의 이익에 따라 움직일 뿐. 자네는 이제부터 서자들의 뒷조사 좀 해 주게. 그중에 가장 억울하다 싶은 사람의 이름을 나에게 알려 주게. 그거면 되네. 이제부터 그들의 의리가 얼마나 쉽게 무너지는지 자네에게 보여 주겠네."

이이첨의 차가운 웃음에 한희길이 어깨를 부르르 떨었다. 가까이 모시는 어른인데도 이대감은 무서웠다. 전혀 틈을 보이지 않으면서 상대방의 약점을 찾아내 잔인하게 공격하는 것을 알기에 대감을 대할 때면 한희길도 조심스러웠다.

대감의 눈에 들려면 이번 일도 빈틈없이 처리해야 했다. 한희길이 마음을 다잡고 이이첨의 집을 나오는데 느닷없이 부엉이 울음소리가 들렸다.

'재수 없게 웬 부엉이 울음소리람!'

하지만 한희길은 알고 있었다. 이이첨이 뭔가 계략을 꾸미고 있음을, 그것이 엄청난 사건의 시작임을…….

"자네가 박응서인가?"

이이첨 앞에 온 박응서는 선량한 인상의 사내였다. 기운이나 쓸까 싶게 바싹 마른 몸이었지만 주눅 들지 않고 이이첨을 똑바로 쳐다보는 눈빛이 매서웠다.

죄인으로 잡혀 왔으면서도 기가 죽지 않는다? 이이첨은 그 뚝심이 마음에 들었다. 잘 구슬려 말 잘 듣는 개로 만들리라, 생각하며 이이첨은 여유 있는 웃음을 지었다.

박응서는 영의정을 지낸 대감의 서자였다. 본부인에게서 태어났으면 고랫등 같은 집과 넓은 전답을 물려받았을 텐데 서자란 이유로 그림자처럼 살았다고 했다. 글솜씨도 빼어나 과거에 응시했으면 장원은 따 놓은 당상이라고 주위에서도 입을 모았다고 했다. 손만 뻗으면 가질 수 있는 수많은 보물과 명예를 그는 서자란 이유로 놓쳐야 했다. 이이첨은 그의 열등감과 불만을 건드리면 되겠다 생각했다.

"대감에 대한 원망이 아주 깊군."

이이첨의 말에 박응서가 눈을 동그랗게 떴다. 사건에 대한 조사를 하는 거라 믿고 따라왔기에 갑자기 대감 얘기는 왜 꺼내나 싶었다. 자식으로 인정하지 않았던 대감을 생각하니 가슴속에서 뭔가가 울컥 치밀었다.

박응서의 굵은 눈썹이 꿈틀거리는 걸 본 이이첨은 자신의 판단이 틀리지 않았음을 확신했다. 한희길이 말한 서자들 중 이이첨은 박응서를 골랐다. 그가 가장 배신에 어울릴 인물이란 판단이 들었다. 박응서의 큰 눈동자에 분노의 불길이 활활 타오르는 게 보였다.

"박대감에게 보란 듯이 살아 봐야지. 나는 그리해 줄 수 있는 사람이네. 그래서 말인데 자네가 나를 좀 도와주지 않겠나?"

무슨 일인지 말하지도 않았는데 박응서가 대답했다.

"싫습니다. 친구들을 배신하지 않겠습니다. 차라리 저를 죽여주십시오."

'한희길이 말한 의리가 바로 이거였군.'

이이첨은 놀라지 않았다.

"자네는 내일 이 자리에서 나를 다시 볼 걸세. 그때까지 깊이 고민해 보게. 내 보기에 자네는 잘살아야 할 사람이야."

박응서는 흔들리면 안 된다는 다짐을 하듯 입술을 아프게 깨물었다.

"무슨 일로 자네만 불렀는가?"

옥으로 돌아오니 서양갑의 얼굴에 의심이 가득했다.

"우리 중 누가 은상을 죽였나 물어보았네."

생각지도 않았는데 거짓말이 튀어나왔다. 심우영도 조바심이 나는 얼굴이었다.

"자네는 뭐라고 했나?"

"내가 그랬다고 했네. 죽여 달라고 빌었네."

거짓말이 이리 쉬웠던가! 배신하지 않겠다 맹세했건만 박응서의 입에서는 아무렇지도 않게 거짓말이 나왔다.

박응서의 말에 심우영은 마음을 놓은 표정이었다. 그런데 서양갑이 박응서의 얼굴과 몸을 샅샅이 훑었다. 불려 나갔음에도 맞지 않고 온 것을 의심하는 눈치였다.

"내일부터 엄청난 추국이 시작될 거라고 오늘은 그냥 넘어갔네."

곧바로 시작될 줄 알았던 추국이 계속 미뤄지고 있던 차에 박응서만 불려 나갔으니 의심스러운 상황이었다.

"죽어도 같이 죽고, 살아도 같이 살자고 했던 맹세를 잊지 말게. 누가 물어도 다 함께 은상을 죽인 거야. 알겠나?"

서양갑은 주먹을 불끈 쥐고 남한강 정자에서 나눴던 맹세를 되새겼다.

'죽여 달라 했어, 친구들을 배신하지 않았어······.'

박응서는 부끄럽지 않았다. 그런데 믿음이 이렇게도 가벼웠던가? 한 번 불려 갔다 온 것만으로 의심을 받을 만큼 함께 보낸 세월은 헛된 것인가?

'누구라도 한 명만 배신하면 우르르 무너지는데······ 우리의 맹세는 끝까지 지켜질 수 있을까?'

처음 하는 장사에서 큰돈을 벌 수는 없었고 먹고살기 위해 어쩌다 남의 것에 손을 댔다. 허균이 무슨 장사를 하냐며 물었을 때 모두 고개를 떨구었던 건 그런 이유였다. 맹자 왈 공자 왈 글공부를 하다가 어떻게

도둑질까지 하게 되었는지 생각하면 기가 막혔다.

  우연히 남의 것을 취한 날, 박응서는 부끄러움에 술을 진탕 마셨다. 맨 정신으로는 견딜 수가 없었다. 이렇게 살아야 하나 후회와 수치에 몸 둘 바를 몰랐다. 도둑질한 대가인 하얀 쌀밥을 먹는데 도저히 목구멍으로 넘어가지 않았다.

  "아버지, 왜 안 드세요? 모처럼 쌀밥인데……."

  수저를 든 채 우두커니 있는 아비가 걱정돼서 물었나 했는데 아니었다. 아들은 아비에 대한 걱정보다 손도 대지 않은 밥그릇만 쳐다봤다. 도대체 얼마나 굶었기에 그러나 싶었다.

  "어째 밥 생각이 없구나. 네가 먹거라."

  하얀 쌀밥을 고봉으로 먹는 아들의 모습에 죄책감이 사라졌다.

  '난 원래 양반이었어. 과거를 봐서 벼슬만 얻었어도 도둑질 따위는 하지 않았어. 이 나라가 나를 도둑으로 만들었어.'

  아들은 박응서의 밥을 다 먹고도 입맛을 쩝쩝 다셨다.

  "아버지, 이번 장삿길에도 돈 많이 벌어 오세요."

  그렇게 다시 남의 것을 훔치게 되었다. 전국이 도둑 떼로 들끓고 있는데 혼자만 깨끗한들 무슨 소용이 있나 하는 생각도 들었다. 도둑질을 할수록 죄책감은 희미해져 갔고 오직 들키면 안 된다는 생각밖에 없었다.

  '고봉밥을 퍼먹던 아들은 어찌 지내고 있을까? 아비의 소식에 얼마나 놀랐을까? 아내마저 몸져누웠다는데…….'

  온갖 생각이 머릿속에서 들끓었다. 이이첨의 말대로 잘살아야 할 이유가 자꾸 생각났다.

드르렁드르렁, 옆에 누운 서양갑이 세상이 떠나갈 듯 코를 곯았다. 성격처럼 서양갑은 옥에서도 잘 잤다. 모로 누웠다 바로 누웠다 하는 심우영은 잠을 설치는 모양이었다. 며칠째 갈아입지 못한 옷에서 퀴퀴한 냄새가 났다. 박응서가 코를 움켜쥐었다. 앞으로의 시간들이 두려움으로 다가왔다. 긴 밤이 시름 속에 지나갔다.

박응서는 제대로 걸려들었다. 가슴속에 담긴 울분을 건드렸더니 제발로 엎드렸다.

"겨우 이렇게 죽을 텐가? 이제껏 억눌려 살아왔는데 하찮은 좀도둑으로 죽는 게 억울하지도 않은가?"

굵은 눈썹이 서서히 움직였다. 옳거니, 넘어왔구나 느낌이 왔다.

박응서는 이이첨의 눈을 바라봤다. 이자를 믿을 수 있을까, 허균도 간사하다고 말했던 자였다. 그런데 이자의 말이 왜 이리 가슴에 박힐까?

이이첨의 말대로 그냥 갈 수는 없었다. 박응서는 평생을 쥐 죽은 듯 살아왔다. 그런데 세상을 떠나는 마당에도 남들의 손가락질 속에 가고 싶지 않았다.

"당신 말대로 차라리 역적이 되어 죽겠소. 포도대장을 불러 주시오."

이이첨은 역모 사건을 원했다. 임금을 바꾸려는 건 가장 큰 죄였다. 그렇지만 박응서는 그 길을 택했다. 죽는 순간에도 그림자처럼 떠나고 싶지는 않았다. 당당히 한몫을 하는 사람이라고, 세상을 뒤엎을 수도 있다는 걸 알리고 싶었다.

"하하하, 자네는 이제 내 사람이네. 작은 벼슬자리라도 가질 수 있도록 해 주겠네."

이이첨이 만족한 얼굴로 손을 내밀었다. 그 달콤한 말이 결정에 확신을 더해 주었다.

'내가 거절했으면 다른 친구들에게 기회가 갔을 거야. 그중 누구라도 이 손을 잡으면 마찬가지고. 그러니까 어쩔 수 없는 일이야.'

이이첨의 손을 잡는 순간, 박응서는 돌아올 수 없는 강을 건넜음을 아프게 깨달았다.

역모
사건

 풀리지 않는 홍길동 이야기로 고민하고 있을 때 갑돌이가 급하게 뛰어 들어왔다.
 "나리, 큰일 났어요! 헉헉!"
 "잡아 놓은 물고기가 제발로 도망갔다니? 아님, 뒷집 소가 쌍둥이를 낳았다니?"
 갑돌이의 호들갑에 한두 번 속은 게 아니어서 허균은 모른 척 글만 썼다.
 "그게 아니라 한양에서 기별이 왔는데 심선비님이 의금부로 잡혀갔답니다."
 허균 손에서 붓이 뚝 떨어졌다. 갑돌이가 전한 말은 그야말로 충격이었다. 문경 새재 은상 살해 사건의 범인으로 심선비와 친구들이 모두 잡했다는 소식이었다.

갑돌이의 말을 들으며 허균은 탄식을 쏟아냈다. 남한강 정자에서 느꼈던 비밀스러운 분위기는 바로 그들의 도둑질 때문이었다.

'끈질기게 물었으면 누구건 대답했을 텐데…… 왜 모른 척하고 이곳으로 내려왔던가?'

생각해 보면 말이 되지 않았다. 초보 장사꾼이 어찌 그리 돈을 벌 수 있었는지, 얼마나 많은 돈을 벌었다고 정자를 짓고 집을 얻었는지. 심우영의 경우처럼 처음엔 장사를 했을 거였다. 그러나 세상 모든 일이 그러하듯 호락호락 흘러가지는 않았을 터였다. 글공부 못지않게 무예도 익힌 그들이었다. 서양갑의 주먹이라면 장정들도 가뿐히 까부라지게 할 수 있을 터였다. 그 좋은 머리를 써서 허방다리를 놓았을 수도 있을 터였다. 세상이 멸시하는 그들이 세상을 향해 복수를 준비하는 걸 허균은 까맣게 모르고 있었다. 그들의 스승이라고, 친구라고 말했으면서 왜 그리 무심했을까…….

허균은 그길로 짐을 싸서 한양으로 향했다. 그런데 허균이 한양으로 올라오는 사이 사건은 이상하게 둔갑해 있었다.

"역모라니? 어찌 네 아비가 역모 사건의 주동자란 말이냐?"

덩치가 산만한 심섭이 허균 앞에서 하염없이 눈물을 흘렸다.

"밥을 갖다 주러 갔을 때 옥졸이 말해 줬어요. 그리고 아버지도 이상하다고 하셨어요. 그제부터 영창대군을 옹립하려고 은을 훔친 게 맞냐

고 물었대요."

은상을 죽인 것도 큰 죄였지만 역모 사건과 비교할 순 없었다. 왕의 자리를 바꾸겠다는 반역의 죄! 뭔가 잘못되어 가고 있었다.

심섭은 오늘부터는 옥에 면회도 안 된다며 어찌해야 하냐고 허균의 옷섶을 잡고 통곡했다. 덩치만 컸지 아직 어린아이였다. 심섭을 보내 놓고 허균은 의금부로 달려갔다. 겨우 마련한 푼돈을 옥졸에게 쥐어 주면서 심우영을 만나게 해 달라 부탁했다.

"역모 사건의 범인이라서 긴 시간은 안 되오. 내가 부르면 얼른 튀어나와야 하오. 알았소?"

옥졸은 주위를 살피더니 허균을 감옥으로 집어넣었다.

감옥은 피비린내와 지린내가 섞인 고약한 냄새로 머리가 어지러울 지경이었다. 허균은 그 역한 냄새를 느낄 새도 없이 심우영을 찾아 두리번거렸다. 첫 번째 옥에서 눈을 감고 쓰러져 있는 심우영을 찾았다.

"심선비, 정신 차리시게. 이게 어찌된 일인가?"

죽은 듯이 누워 있던 심우영이 눈을 떴다. 상투는 풀어 헤쳐져서 머리카락이 반 이상 내려와 있고, 못 먹어서 마른 얼굴 곳곳에 피딱지가 붙어 있었다. 옷에도 핏방울로 얼룩진 것이 얼마나 모진 고문을 당했는지를 알 수 있었다.

"허대감, 어서 나가세요. 우린 죽을 죄인입니다. 괜히 얽혀서 좋은 것이 없습니다."

한양에 올라올 때만 해도 어째서 도둑질을 했냐며 혼내 줄 작정이었는데 심우영의 얼굴을 보니 그런 말이 쏙 들어갔다. 자신의 몸보다 허균을 먼저 걱정하는 그 여린 맘으로 어떻게 도둑질을 했을까? 굶주림이 죄였다. 헐벗음이 죄였다.

"은상 살해 사건이 왜 역모 사건으로 바뀌었는가? 어떻게 된 일인지 자네 아는가?"

다그쳐 묻는 허균에게 심우영은 아무 대답도 하지 않았다. 심우영이 입을 다문 건 분명 다른 친구가 관련 있기 때문이리라. 무륜당 친구 중 누가 배신했을까? 허균은 어쩐 일인지 박응서의 얼굴이 제일 먼저 스쳤다.

"응서인가?"

허균의 질문에 심우영의 얼굴이 하얘졌다. 허균의 짐작이 맞았다. 그런데 은상을 죽인 범인을 고한 것도 아니고 왜 역모 사건일까? 역모 사건은 일반 범죄보다 더 큰 벌로 다뤘다. 박응서가 그걸 모르지 않을 텐데 왜 역모 사건으로 바꾸려 했을까?

심섭의 말에 의하면 영창대군을 옹립하려는 역모 사건이라고 했다. 도대체 왜, 하다가 온몸에 소름이 싸하게 돋았다. 영창대군을 가장 견제하는 사람은 바로 임금이었다. 그리고 임금의 오른팔 이이첨도 그 못지않게 영창대군을 견제하는 입장이었다. 이 역모 사건은 그의 작품이었다.

"이이첨이 박응서를 꼬드긴 거군."

허균의 혼잣말에 심우영의 눈시울이 붉어졌다. 은상을 누가 죽였는지 심문하던 관리들이 갑자기 영창대군을 왕으로 세우려 했냐고 물었단다.

124

모르는 일이라 하면 죽어라 곤장을 때려 댔단다.

"죽어도 같이 죽기로 손가락을 걸었던 친구였는데 응서가 왜 그리했는지 정말 모르겠습니다."

심우영은 형리에게 당한 매질보다 박응서의 배신을 더 가슴 아파했다. 혼자 불려 나갔던 그날 밤, 박응서는 한숨도 못 자고 새벽을 맞이했다. 예민한 심우영도 잠을 설쳤기에 깊게 내뱉는 박응서의 한숨 소리를 다 들을 수 있었다. 그날 밤 무슨 일이 있었던 걸까?

"힘들더라도 역모를 인정하면 안 되네. 어떤 꼬드김에도 넘어가지 말아야 하네."

옥살 틈새로 심우영의 손을 잡았다. 허균은 뼈가 툭툭 두드러진 심우영의 마른 손이 애처로웠다.

'기어이 용안을 뵙는구나.'

임금의 눈빛이 형형했다. 진노가 가득한 얼굴이었다.

'저 얼굴을 얼마나 뵙고 싶었던가. 과거를 치르고 임금께서 친히 주는 합격패를 얼마나 받고 싶었던가…… 그 간절했던 꿈!'

이렇게 추국장에서 만나게 될 줄은 심우영도 몰랐다.

"죄인은 듣거라. 지금부터 짐이 묻는 말에 바른대로 고하거라. 만약에 한 치의 거짓이라도 있을 시엔 목숨을 부지할 수 없느니라."

서릿발같이 차가운 임금의 목소리에 심우영은 무릎이 떨렸다.

"어찌하여 은을 훔쳤느냐? 훔친 은으로 무엇을 하려 했느냐?"

세상이 흉흉하고 살길이 막막해 도적질을 하게 됐다고 말씀드려야 하나. 아니, 그리 말할 수는 없었다. 백성이 못살겠다면 그건 군주의 책임이었고 앞에 있는 임금에게 누를 끼치는 말이었다. 심우영은 차마 말을 꺼내지 못하고 머뭇거렸다.

"무엇 때문에 말을 못하느냐? 네놈이 떳떳하다면 말 못할 까닭이 없다. 옆에 있는 놈이 말해 보거라."

임금의 손이 서양갑을 가리켰다.

"밥이라도 먹고 싶어서 욕심을 부린 것이 그만…… 단지 그뿐입니다. 전하, 죽여주시옵소서."

뒤로 손이 묶인 서양갑이 고개를 조아리다 옆으로 픽 쓰러졌다. 며칠간의 고문이 천하장사 서양갑의 몸도 망가뜨렸다.

"이놈이 아직도 거짓을 말하느냐? 밥 먹을 욕심으로 그 많은 은을 훔쳤다고? 그 말을 내가 믿을 것 같으냐? 옆의 놈에게 물어 만약 다른 말이 나오면 너희 둘을 가만두지 않을 것이다."

박응서 차례였다. 심우영이 고개를 돌려 박응서를 바라봤다. 부릅뜬 눈, 꽉 다문 입술에서 고집이 보였다. 막다른 길이라고 말려도 끝에 닿기 전에는 절대로 멈추지 않을 이가 박응서였다.

어느 서자인들 자신에게 닥친 온갖 억압과 차별을 처음부터 순순히 받아들였을까? 세상을 향해 부딪쳤다 튕겨 나오고, 사람을 향해 손을 내밀었다 거절당하며 저절로 깨달았다. 쓰리도록 상처받으며 서자의 처지를 곱씹어야 했다. 그런데 박응서는 쉽게 포기할 줄 몰랐다. 박대감이 뒤를 봐줄지 모른다고, 과거를 보게 될지 모른다고, 무과라도 치르면 어떻겠냐고 수없이 기대하고 바랐다. 우리 처지를 잘 아는 왕이 있으니 세상이 바뀔 거라고 큰 소리로 웃었던 박응서의 얼굴을 결코 잊을 수 없었다. 박응서의 욕심은 크지 않았다. 하지만 그건 서자들이 감당할 수 없는 몫이었다.

"버러지만도 못한 대접을 받고 살면 버러지가 되어야지. 세상이 우리를 버리기 전에 우리가 먼저 세상을 버려야 돼. 그러면 돼."

박대감이 양자를 들이면서 박응서는 변했다. 멀쩡히 살지 않겠다고, 반듯하게 살지 않겠다고, 세상과 한판 승부를 벌이겠다고 박응서는 말했다. 심우영은 그 말이 무척 멋지게 느껴졌다. 절대로 할 수 없다던 도적질을 박응서의 그 말 때문에 하게 되었다면 비겁한 핑계일까?

심우영이 그의 배신을 알게 됐을 때 박응서가 말했다.

"여보게, 나를 용서해 주게. 하지만 살기 위해서 거짓말을 한 건 아니었네. 우리도 세상을 한번 뒤흔들어야 봐야 하지 않겠나? 세상을 쥐락펴락해 봐야 하지 않겠냐고?"

박응서의 마지막 소원 앞에 심우영은 아무 말도 할 수 없었다.

'그런데 응서, 우린 졌네. 우리의 어리석음이 이 자리까지 온 걸세. 그러니 이제 끝내야 하네. 세상을 향한 무모한 승부를 그만 멈추게.'

심우영은 박응서를 향해 절절한 눈길을 보냈다. 하지만 심우영의 간절한 바람과 달리 박응서는 거침없이 대답했다.

"우리는 천한 도둑들이 아닙니다. 은을 팔아 병사를 사고 그 병사들과 함께 대궐로 쳐들어갈 계획을 세웠습니다."

표정 하나 변하지 않고 역모 사건이라 말하는 박응서를 보며 임금은 결국 의자에서 일어났다. 진노한 임금을 말린 건 이이첨이었다. 이제 심우영도 확실히 깨달았다. 이 말도 안 되는 일의 중심엔 저자가 있음을…….

"전하, 아직 추국이 끝나지 않았습니다. 진노를 푸시옵소서."

얼굴이 붉으락푸르락하는 임금을 대신해 이이첨이 박응서에게 물었다.

"미련한 몇 놈이 그런 계획을 세웠을 리는 없다. 반드시 뒤에 누군가 있을 터, 누가 우두머리인지 말하지 못할까?"

"그 계획을 세운 이는 연흥부원군입니다."

입을 맞춘 듯 박응서가 담담히 말했다. 그러자 박응서의 말이 끝나기 무섭게 서양갑이 외쳤다.

"전하, 아닙니다. 저자는 지금 거짓말을 하고 있습니다. 저희는 연흥부원군을 뵌 적도 없습니다. 믿어 주시옵소서."

서양갑은 분을 참지 못해 온몸을 떨었다. 그런데도 박응서는 그만두지 않았다.

"연흥부원군이 영창대군을 옹립하기 위해선 병사가 필요하다 하셨고, 병사들을 먹이고 훈련시킬 돈을 마련하기 위해 은상을 털었습니다."

뭐라도 말해야 하는데, 심우영의 입에서는 어떤 소리도 나오지 않았다. 피를 나눈 형제가 아니었던가? 내 목숨보다 더 소중했던 동지가 아니었던가? 그런데 이리도 쉽게 등 돌리고 원수가 될 수도 있다는 사실이 믿기지 않았다.

'응서, 자네는 좀도둑보단 역적의 모습이 더 어울리네. 그런데 우린 아니네. 그러니 제발, 제발……'

집어삼킬 듯이 활활 타오르는 지옥의 불길이 눈앞에 훤히 보였다.

세상 속으로

"어서 가서 섭이를 데려오너라."

임금이 직접 추국을 한다는 소문을 듣고 급하게 갑돌이를 심우영의 집으로 보냈다. 임금이 추국장에 온다는 건 사건이 크고 중요하다는 뜻이었다. 박응서가 영창대군을 옹립할 자금을 마련하기 위해 은상을 털었다는 자백을 했단다. 아직 심우영, 서양갑을 비롯한 다른 이들은 인정하지 않았다지만 이제는 돌이킬 수 없었다. 역모 사건은 가족들은 물론 주변인들도 잡혀가 모진 고문을 당하기 일쑤였다. 무륜당에서 이들과 어울렸던 허균 역시 안전하지 않았다. 허균은 심섭을 데리고 남해로 내려갈 생각이었다. 그런데 심부름 보냈던 갑돌이가 질질 울며 집으로 들어섰다.

"나리, 심선비님의 가족들이 모두 의금부로 잡혀갔답니다. 섭이 도련님도 울면서 끌려갔다고 들었습니다. 뿐만 아니라 연흥부원군 댁으로도 군사들이 들이닥쳤다고 합니다."

허균은 심섭이 잡혀갔다는 소식에 주저앉았다. 대비의 아버지 연흥부원군까지 잡혀 들어갔다면 정말 끝이었다. 임금은 이 사건을 역모로 확신하고 있었다. 연흥부원군이 그리되었다면 어린 영창대군도 안전하지 않을 터였다. 이렇게 높은 사람들의 안녕도 확신할 수 없는데 도둑질을 한 서자들과 그 가족들이야 파리 목숨이나 다를 바 없었다.

'역모 사건이라고 했을 때 섭이를 감췄어야 했는데……'

어린 녀석이 받을 모진 고통을 생각하니 허균은 정신이 아득해졌다. 앞이 흐릿해지는가 싶더니 눈물이 흘렀다.

"나리 서두르세요. 심선비와 가까이 지냈으니 분명 여기까지 화가 미칠 것입니다."

갑돌이가 어서 피하자며 짐을 챙겼다. 그 말이 맞다 생각했지만 허균은 다리가 풀려 꼼짝도 할 수 없었다.

심우영은 이미 늦었다. 오늘이나 내일이라도 고문에 못 이겨 역모를 모의했다고 말할 것이고 그러면 구할 길이 없었다. 그래도 심섭은 구해야 했다. 아무것도 모르는 어린 녀석이었다. 허균은 자신을 잡아가고 심섭을 풀어 달라고 하소연이라도 하고 싶었다.

'어찌해야 섭이를 구할까?'

박응서에게 마음을 돌이키라고 말하고 싶었지만 옥졸에게 사정해도 만날 수 없었다. 임금을 만나 역모는 없었다며, 그럴 인물들이 아니라고 말하고 싶었지만 궐 안으로 들어갈 어떤 명분도 없었다.

　임금을 생각하다가 문득 이이첨의 얼굴이 떠올랐다. 임금의 오른팔이라면 큰 힘을 가진 이였다. 역모 사건을 조정한 것도 이이첨일 가능성이 컸다.

　허균이 벌떡 일어서자 갑돌이가 마구간에서 말을 끌고 나왔다. 역모 사건을 피해 도망가려는 걸로 오해한 모양이었다.

　"아니다. 이이첨 대감 집으로 가야겠다."

　"거기가 어디라고 가신단 말씀이세요? 짚을 안고 불구덩이로 들어가는 것과 다를 바 없는 일을 어찌하려 하십니까?"

　허균이 길을 나서자 갑돌이가 팔을 벌려 막았다. 비켜라, 하며 갑돌이를 밀치자 이번엔 옷자락을 잡았다. 힘이 풀려 비척거리면서도 고집을 부리자 결국 갑돌이가 앞장을 섰다.

　"나리 고집을 누가 말린답니까?"

　갑돌이는 구시렁거리면서도 말고삐를 잡고 밤길을 걸었다.

　이이첨의 집은 밤에도 불을 밝혀 환했다. 대문을 열어 주던 하인도 주인의 권력을 아는지 허균의 옷차림을 눈으로 쭉 훑으며 건방지게 굴었다.

　"어인 일로 이 늦은 시간에 납시셨단 말이오?"

　이이첨은 마루에서 내려오지 않은 채 허균을 맞이했다. 막 퇴궐했는지 아직 관복도 벗지 않은 채였다.

허균은 무슨 말로 시작해야 하나 망설였다. 입술도 바짝 말랐다. 그런 자신과 다르게 이이첨은 느긋하게 수염을 쓸어내리며 허균의 말을 기다렸다. 아무리 많은 권력을 가졌어도 세월을 막을 수 없었던지 이이첨의 수염이 하얬다.

황모필을 빌려줬던 거자로 만났던 인연이었다. 그를 형님처럼, 친구처럼 대하고 따르던 시간도 있었다. 그런데 무엇이 둘을 이렇게 먼 사이로 갈라놓았을까?

"대감, 도와주십시오. 친구들이 역모 사건으로 잡혀 있습니다. 그들은 역모 사건을 일으킬 만한 인물이 못 됩니다. 그저 한심하기 짝이 없는 도적 떼입니다."

이이첨이 움찔하는 걸 본 허균이 다시 간청했다.

"도적들을 용서해 달란 말이 아닙니다. 절대로 역모 사건이 아니니 잡아간 가족들이라도 풀어 달라 청하는 겁니다."

이이첨은 무엇이 못마땅한지 흥, 콧방귀를 뀌었다. 비굴하지만 한 아이의 운명이 달린 일이었다. 허균이 무릎이라도 꿇으려 하는데 갑돌이가 옆에서 말렸다.

"나리, 제발 그것만은……."

갑돌이랑 옥신각신하는데 어느새 이이첨이 마당으로 내려와 허균 앞에 섰다.

"지금 대단히 큰 착각을 하신 것 같습니다. 오늘 추국은 주상 전하께서 직접 하신 것입니다. 그래서 연흥부원군이 가담한 역모 사건임을 밝

히셨고요. 그런데 역모 사건이 아니라 한낱 도적 떼라고요? 그럼 주상께서 하신 추국이 잘못됐다는 말씀입니까?"

허균이 이이첨의 손을 잡았다.

"대감, 옛정을 생각해서…… 아이만이라도 살려 주십시오."

이이첨이 허균의 손을 뿌리치며 냉정하게 말했다.

"나랏일에 사사로운 개인감정을 앞세워 무턱대고 찾아오시면 어떡합니까? 그리고 옛정이라니요? 설마 오래전에 붓 한 자루 빌려준 걸로 아직까지 생색내려 하시는 겁니까?"

이이첨이 더 들을 것도 없다는 듯 방 안으로 들어갔다. 이이첨이 들어가자 하인들 몇이 허균을 둘러쌌다. 주인의 불호령이 떨어지기 전에 내쫓으려는 의도였다. 그걸 눈치채고 갑돌이가 허균을 끌고 집 밖으로 나왔다.

허균이 힘겹게 걸어 나오는데 하인 몇이 대문가에 소금을 뿌려 댔다.

"아니, 저 자식들이? 우씨!"

싸울 듯이 뛰어가려는 갑돌이를 허균이 말렸다. 차라리 소금 구덩이라도 뒤집어쓰고 싶은 심정이었다.

밤안개가 자욱한 길을 걷는데 어디선가 알싸한 꽃향기가 풍겨 왔다. 한치 앞도 보이지 않는 길이 마치 꿈속 같았다. 모두 꿈이었으면 하며 허균은 방금 전 나온 이이첨 집을 돌아보았다.

'황모필을 주고받으며 나눴던 우리의 우정도 봄밤의 꿈이었단 말입니까?'

기대하지 않았지만 그래도 실망스러웠다.

뜬눈으로 밤을 새우고 의금부로 달려갔지만 아무도 만날 수 없었다. 단속이 심해졌다며 엽전을 거절하는 옥졸의 말에 불안감만 더해졌다. 새로 잡혀 온 아이 소식만이라도 알려 달라 사정했더니 오늘 임금이 하는 추국장에 끌려 나올 것이라고만 말해 주었다.

겨우 열네 살 먹은 아이가 무얼 안다고 추국장에 불려 나간단 말인가? 연흥부원군이 누군지, 영창대군이 누군지 심섭은 모를 터였다. 밥 한술 못 뜨고 허균은 의금부 주변을 서성거렸지만 자세한 사정은 전해 들을 수 없었다.

끔찍하고 불안한 봄밤이 몇 날 지나갔다. 잠이 오지 않아 마당을 걸을 때면 달을 보며 간절히 빌었다.

'제발 무사하기를…… 다시 돌아오기를…….'

애타게 소식을 기다리던 심섭이 허균을 찾아왔다.

"드디어 찾았습니다. 우리가 꿈꾸던 세상을 찾았습니다. 서자도 무시하지 않고 제대로 대접해 줄 세상이지요."

가지런한 앞니가 보이게 활짝 웃는 심섭을 향해 허균이 손을 내밀었다.

"잘됐구나. 그런데 그곳이 어디냐? 나도 데려가렴."

"안 됩니다. 지금은 아버지랑 저만 다녀올 테니 조금만 기다리십시오."

심섭은 말을 하면서 뒷걸음질 쳤다. 어딜 가느냐, 묻는 허균의 말에도

그저 웃기만 했다. 그러면서 꿈결 같았던 어느 봄밤의 안개 속으로 자꾸만 멀어졌다.

섭아, 부르면서 허균은 눈을 떴다. 까무룩 낮잠이 들었던가? 웃는 심섭의 얼굴이 눈에서 아른거리는데도 허균은 까닭 없이 불안했다.

"나리, 흑흑흑…… 심선비님이…… 섭이 도련님이…… 흑흑!"

갑돌이가 말하지 않아도 알았다. 역모 사건으로 불려 들어갔던 이들이 모두 처형당했다는 소식이었다. 아끼던 이들이 이젠 세상 속에 존재하지 않는다는 현실이 믿기지 않았다.

험한 소리 한번 하지 않았던 마음결 고왔던 심우영, 불뚝 밉살스러운 말을 내뱉으면서 뒤로는 살뜰히 챙기던 서양갑, 그리고 새싹같이 푸르렀던 심섭…….

"박응서는 살아남았답니다."

얼마나 미웠던지 갑돌이마저 함부로 이름을 불렀다. 결국 박응서는 살았다. 이이첨은 부리는 만큼 확실한 대가를 챙겨 주는 사람이니 벼슬이라도 한자리 받을 수도 있을 터였다.

'응서, 가슴속에 타올랐던 욕망의 불꽃은 이제 좀 사그라들었는가? 그런데 이제부터는 자네 가슴에 지옥불이 타오를 것이네. 피로 맹세했던 친구들을 배신한 기억이 죽을 때까지 따라다니며 자네를 괴롭힐 것이네.'

포기하는 마음으로 기다렸지만 허균은 잡혀가지 않았다. 붓 한 자루 빌려준 대가를 받은 건지, 아니면 수십 명 목숨을 빼앗은 걸로 충분하다 여겼는지 허균에게까지 화가 미치지 않았다. 하지만 뜻을 나눌 친구들도 없는 세상에 허균은 아무 미련이 없었다.

  황망히 떠났던 시간을 보여 주듯 바닷가 방 안은 엉망이었다. 여간해선 입을 다물지 않는 갑돌이가 아무 말도 없이 방 안을 정리했다. 갑돌이 녀석이 받은 충격도 어지간한 모양이었다. 채 끝맺지 못한 글이 적힌 종이가 보였지만 몇 자 글로 무슨 일을 할 수 있을까 하는 무력감이 들었다. 허균은 붓을 빨아 말렸다.
  바닷물이 밀려왔다 쓸려 가는 걸 바라보며 멍하니 시간을 보냈다. 아무것도 하지 않고 보내는 하루하루는 무료했지만 평온하기도 했다. 그렇게 시간이 흘러갔다. 그런데 어느 날 갑돌이가 불쑥 종이 한 장을 허균에게 내밀었다.
  "지난번 섭이 도련님 데리러 갔을 때 우연히 방에 떨어져 있던 걸 가져 왔어요. 그때 드린다는 게 워낙 경황이 없어서 잊어버렸네요."
  의금부로 끌려갔던 날 갑돌이가 심섭의 방에서 주운 것이란다.

  별

    밤하늘은 별이 있어 아름답다
    반짝반짝 빛나는 별들
    어느 별이 더 밝은지

어느 별이 덜 빛나는지
하늘은 탓하지 않는다
어느 별이 중심인지
어느 별이 변두리인지
하늘은 알아보려 하지 않는다
밤하늘은 공평해서 더 아름답다.

심섭의 글씨였다. 공평해서 아름다운 밤하늘. 심섭이 바란 세상이었다.
'그런 세상이 올 거라 했는데…… 아니 오게 만들자 약속했는데…… .'
허균은 심섭의 얼굴이 떠올라 눈을 감았다. 콧수염이 성성하던 소년에게 그런 세상을 만들어 주겠다 큰소리쳤지만 정작 아무것도 이루지 못했다.
"멋진 시를 받았으니 나리도 어서 답글 하나 쓰세요."
갑돌이의 말에 허균이 감았던 눈을 떴다. 붓을 잡아 본 지도 꽤 오래되었다. 허균은 자신이 무엇을 할 수 있을까 싶었다.
허균이 아무 대답이 없자 갑돌이가 다시 채근했다.
"지난번에 섭이 도련님이 홍길동 이야기를 얼마나 기다렸다고요? 세상에서 가장 멋진 서자 이야기가 될 거라고 무척 기대가 컸어요."
심섭에게 보여 주기 위해 『홍길동전』을 쓰던 것도 잊고 있었다. 이 글을 완성하면 심섭에게 미안한 마음을 갚을 수 있으려나…… 허균의 망설임을 아는 것처럼 갑돌이가 중얼거렸다.

"저도 홍길동이란 서자가 어찌되는지 궁금하고요."

시키지도 않았는데 갑돌이가 먹을 갈기 시작했다. 허균은 마지못해 붓을 들었다. 그런데 이야기를 쓰기 시작하자 집을 떠난 홍길동이 의젓하게 세상과 한판 대결을 벌이는 모습이 떠올랐다. 장군처럼 씩씩했던 심섭의 모습 그대로였다.

허균은 가끔 글이 막힐 때면 심섭의 얼굴을 떠올렸다.

'이 녀석아, 네가 원하는 대로 영웅호걸 모습을 그렸더니 어떻게 끝을 맺어야 할지 모르겠구나.'

'하하하, 스승님도 참! 이왕 큰 인물로 그렸으면 큰 활약을 하게 만들어야지요.'

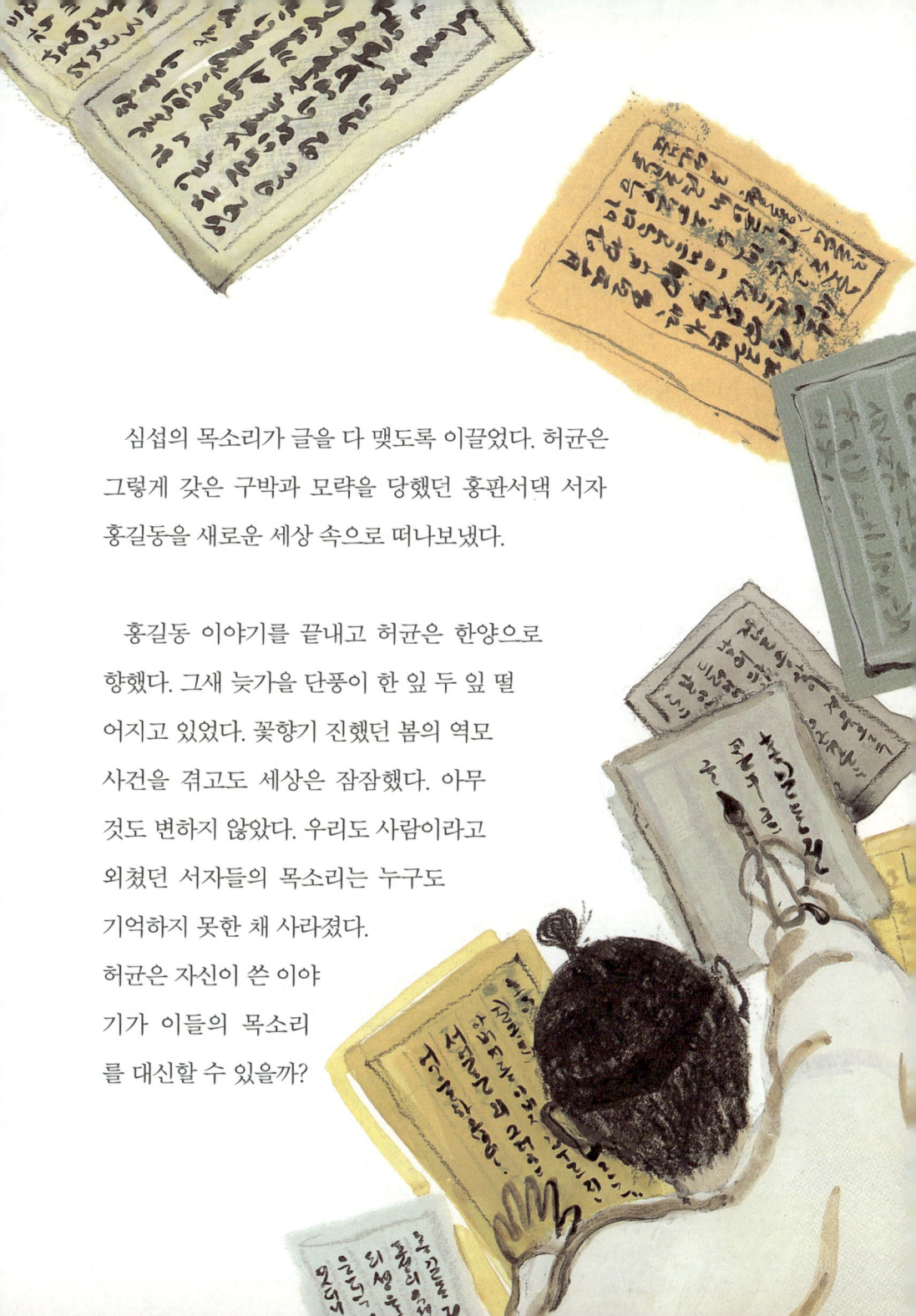

심섭의 목소리가 글을 다 맺도록 이끌었다. 허균은 그렇게 갖은 구박과 모략을 당했던 홍판서댁 서자 홍길동을 새로운 세상 속으로 떠나보냈다.

홍길동 이야기를 끝내고 허균은 한양으로 향했다. 그새 늦가을 단풍이 한 잎 두 잎 떨어지고 있었다. 꽃향기 진했던 봄의 역모 사건을 겪고도 세상은 잠잠했다. 아무 것도 변하지 않았다. 우리도 사람이라고 외쳤던 서자들의 목소리는 누구도 기억하지 못한 채 사라졌다. 허균은 자신이 쓴 이야기가 이들의 목소리를 대신할 수 있을까?

누가 그걸 알아줄까 싶은 생각에 갑자기 쓸쓸해졌다.

"나리, 시간 되실 때 언문이라도 가르쳐 주시면 안 될까요?"

갑돌이의 뜬금없는 말에 허균이 왜 그러냐고 물었다.

"홍길동 이야기를 읽고 싶어서요. 나리가 글 쓰시면서 가끔 얘기해 주셨잖아요. 그때마다 가슴이 찌릿찌릿했거든요."

누군가는 갑돌이처럼 홍길동 이야기에 가슴이 찌릿찌릿해지겠지? 허균은 그거면 충분했다.

잊고 있었다. 세상은 알아채기 힘들 정도로 천천히 변해 가는 법이라는 걸…… 작년 떨어졌던 단풍잎과 지금 허균의 어깨에 떨어진 단풍잎이 다른 걸 누가 알겠는가? 하지만 세상은 변하고 있다. 허균은 그리 믿었다. 그리고 그 변화에 홍길동 이야기가 작은 한몫을 한다면 더 바랄 바 없었다.

문득 허균은 말고삐를 쥐고 앞서 걷던 갑돌이의 모습이 눈에 들어왔다. 어느새 떠꺼머리총각이 되어 있었다.

"갑돌아, 이번에 올라가면 네 혼처부터 좀 알아봐야겠다."

갑돌이의 얼굴이 가을 단풍보다 더 붉어졌다. 그래도 싫진 않은지 군소리 없이 말고삐를 옥죄었다. 일찍 나섰는데 어느새 해가 지고 있었다.

"어서 가자!"

허균이 길을 재촉했다. 노을 속으로 말발굽 소리가 고즈넉이 울렸다.

깊이 보는 역사
『홍길동전』 이야기

계란으로 바위 치기라고, 어리석은 짓이라고 높은 곳에 앉는 사람들은 비웃을 것이다. 하지만 그들은 몰랐다. 계란으로 바위를 부술 순 없겠지만 더럽힐 수는 있다는 걸. 바뀌지 않을 거라고, 거짓과 불합리로 가득 찬 세상을 외면한다면 아무도 알지 못할 터였다. 알려야 했다.
'그래, 글을 쓰자. 세상을 바꾸는 글을 쓰자.'

새로운 세상을 꿈꾸다
허균과 그의 벗들

 허균은 선조 2년 높은 벼슬을 지닌 허엽의 아들로 태어나 부유한 환경에서 자랐어요. 남부러울 것이 없는 좋은 집안에서 자랐지만, 가난하고 힘없는 사람들을 도와주려는 마음이 늘 있었어요. 그래서 친구를 사귐에 있어 신분이나 능력 등을 따지지 않았어요.
 허균이 이렇게 지낼 수 있었던 것은 손곡 이달과 강변칠우와의 만남 덕분이었어요. 그들은 학문이 뛰어나고 많은 능력이 있음에도 서자라는 신분 때문에 그 능력을 펼칠 수 없어 늘 서러움을 당하며 살아야 했어요.
 그래서 허균은 과거 시험에 합격해 벼슬살이를 하면서 서자들의 억울한 상황을 자신의 일처럼 살폈고 그들이 차별받지 않고 살아갈 수 있도록 힘썼어요. 그리하여 누구나 평등하고 자유롭게 살아갈 수 있는 세상을 그린 『홍길동전』과 같은 소설을 써서 자신의 꿈을 실현시키려고 했답니다.

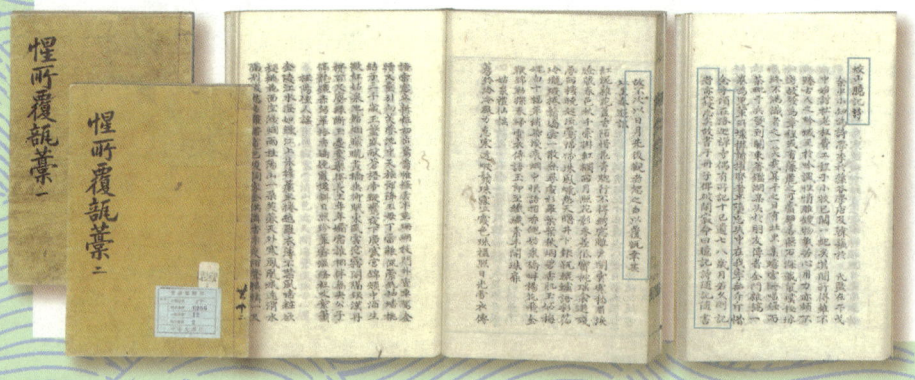
▲ 1611년 허균이 유배 생활을 할 때 쓴 시문이나 각종 논설과 비평, 기록 등을 모은 『성서부부고』예요.

조선 시대 한글 소설의 발달

허균이 살았던 조선 후기에는 사회적으로 많은 변화가 있었어요. 임진왜란이라는 전쟁 속에서 나라를 지키기 위해 힘썼던 백성들이 자기 목소리를 내기 시작했던 거예요. 그동안 제대로 대접받지 못했던 백성들은 전쟁의 상처를 딛고 새로운 농사법을 개발하고 상업을 발달시켰어요. 경제력을 확보한 일부 백성들은 돈으로 양반의 신분까지 사기도 했지요.

백성들의 삶이 나아지면서 그동안 양반들만 누렸던 문화가 널리 퍼지게 되었어요. 그중에서도 『홍길동전』과 같은 한글 소설이 큰 인기를 끌었어요. 한글 소설은 어려운 한자가 아닌 한글로 적혀 있어 읽기 쉬웠고, 또 그 내용이 재미있어 많은 사람들의 사랑을 받았어요.

특히 길거리에서 소설을 읽어 주는 이야기꾼까지 있어 흥미진진하고 생생하게 들려주는 소설 이야기에 사람들이 담뿍 빠져들 수 있었어요. 또 외부 활동에 제약이 많았던 양반 가문의 여성들이 소설책을 빌려 집에서도 읽을 수 있게 되자, 독자층이 넓어졌지요. 그 덕분에 당시 한글 소설은 오늘날의 TV 드라마처럼 높은 인기를 얻을 수 있었답니다.

▶ 김홍도가 그린 《단원풍속도첩》 중 〈담배썰기〉예요. 이야기꾼이 읽어 주는 소설을 들으며 담뱃잎을 다듬고 써는 일을 하는 모습이에요.

한글 소설의 종류

 조선 후기에 유행한 한글 소설로는 오늘날에도 많은 사람들의 사랑을 받고 있는 『홍길동전』, 『춘향전』, 『심청전』, 『흥부전』 등이 있어요. 이 소설들의 주제를 살펴보면 신분 제도의 대한 비판, 효, 권선징악 등 그 시대의 사회상이 생생하게 드러나 있어요.
 한글 소설은 재미와 감동을 주는 것으로 그치지 않고, 서민들의 애환과 그들이 꿈꾸었던 세상에 대한 소망을 표현하고 있을 뿐만 아니라, 양반 사회의 모순을 비판하고 있기 때문이에요.

1. 『홍길동전』

 좌의정까지 지낸 홍판서 집안에서 태어난 홍길동은 어려서부터 총명하고 무예가 뛰어났지만 서자로 태어나 과거 시험을 볼 수 없었어요. 게다가 아버지를 아버지라 부르지 못하고, 형을 형이라 부르지 못했지요. 어느 날, 높은 능력을 시샘한 홍판서의 첩이 자객을 보내 홍길동을 살해하려 하자 홍길동은 집을 나왔어요. 이후 활빈당을 만들어 나쁜 관리들에게서 곡식 등을 빼앗아 백성들에게 나누어 주지요. 이런 활약으로 전국 방방곳곳에 이름이 알려지자 나라에서는 홍길동을 잡기 위해 군사를 동원해요. 하지만 홍길동의 신기한 재주에 그를 도저히 잡을 수 없게 되자 아버지인 홍판서를 시켜 잡으려고 해요. 결국 임금 앞에 나타난 홍길동은 높은 벼슬을 사양하고 활빈당을 이끌고 율도국으로 건너가 새로운 나라를 세워요.

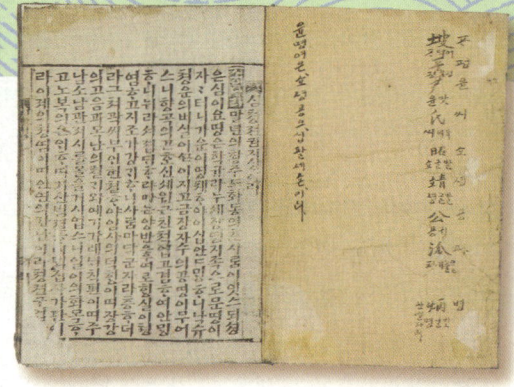

2. 『심청전』

아버지의 눈을 뜨기 위해 공양미 삼백 석에 자신을 팔아 인당수에 빠졌지만, 나중에 나라의 왕후가 되어 아버지를 만나게 되는 효녀 심청의 이야기를 담고 있어요.

3. 『흥부전』

욕심 많고 심술궂은 형 놀부는 벌을 받고, 마음씨 착한 동생 흥부는 복을 받는 이야기를 담고 있어요.

4. 『춘향전』

기생의 딸 춘향이와 양반인 이몽룡이 신분의 벽을 뛰어넘어 사랑을 이루는 이야기를 담고 있어요.

최초의 한글 소설, 『홍길동전』

『홍길동전』이 발표되기 전까지의 소설은 양반들이 사용하던 어려운 한문으로 되어 있는 경우가 많아 일반 백성들이 읽을 만한 소설이 많지 않았어요. 허균은 이것도 차별이라 생각하여 '언문'이라 불리며 천하게 여기던 한글로 『홍길동전』을 지어 많은 백성들이 읽을 수 있도록 했어요. 또한 허균은 『홍길동전』을 통해 신분 차별과 탐관오리들의 횡포가 만연한 조선 사회의 모순을 비판했어요. 부패한 사회를 개혁하고 새로운 세상을 만들

조선의 개혁가 교산 허균

허균은 명문 집안에서 태어나 평안한 삶을 누릴 수 있었는데도 당시의 신분 차별 등에 저항하며 새로운 세상을 꿈꾼 개혁가였어요.

"천하에 두려운 것은 오직 백성뿐이다. 호랑이나 물 그리고 불보다 두려운 것은 오직 이 천하의 백성들뿐이다. 고로 천자나 군주는 백성을 위하면서도 두려운 마음으로 다스려야 할 것이다. 백성 없이 나라가 있을 수 없으며, 위정자 또한 있을 수 없다."

허균은 위의 글처럼 백성들이 다스림만 받는 존재가 아님을 강조하여 백성들의 소중함을 일깨우는 새로운 주장을 했어요. 이는 『홍길동전』을 비롯해서 허균이 남긴 글들에 잘 나타나 있어요. 허균은 백성들이 스스로의 힘으로 나라를 바꿀 수 있다는 가능성을 널리 보여 주었어요. 그래서 허균을 시대를 앞서간 개혁 사상가로 높이 평가하고 있답니다.

▲ 허균과 허난설헌이 나고 자란 생가로, 허균·허난설헌 기념 공원(강릉시 난설헌로 193번길 1-29) 안에 있어요.

고자 했던 허균의 꿈과 이상이 고스란히 드러나 있지요. 이러한 점에서 『홍길동전』은 큰 의미를 지니며 지금까지 뛰어난 문학 작품으로 손꼽히고 있답니다.

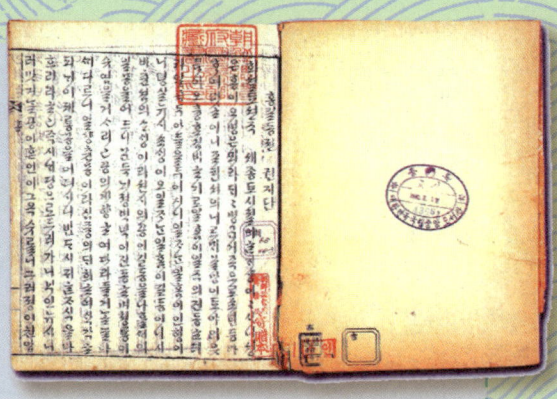

▲ 허균이 지은 『홍길동전』이에요.

새 세상을 꿈꾼 강변칠우

서자는 능력이 아무리 뛰어나도 과거 시험을 볼 수 없었어요. 집안에서도 서자는 아버지를 아버지라 부르지 못할 정도로 많은 차별을 받았지요. 이에 영의정을 지낸 박순의 서자 박응서를 비롯해서 서양갑, 심우영, 이경준, 박치인, 박치의 등 7명의 서자들은 스스로를 강변칠우라고 칭하고 신분 차별에서 벗어나고자 뜻을 모았어요. 그리하여 여주의 남한강변에 '무륜(無倫)'이라는 정자를 짓고 다른 서자들과 뜻을 모아 임금님께 상소를 올려 과거를 볼 수 있게 해 달라고 했어요. 하지만 강변칠우를 비롯한 서자들의 요청은 받아들여지지 않았지요.

현실의 벽이 너무 높음을 깨달은 강변칠우는 돈을 벌어 생계를 유지하기 위해 장사를 하다가 문경 새재에서 은상을 살해하고 은 700냥을 빼앗은 죄로 체포되었어요. 이때 박응서가 죄를 면해 주겠다는 이이첨 등의 꾐에 빠져 역모를 꾸몄다는 거짓 자백을 했지요. 이 사건(계축옥사)은 영창대군은 물론 허균에게까지 그 영향을 주었고, 결국 이들은 죽음에 이르게 되었어요.

함께 이루는 아름다운 순간

허균

- **1569년**
  강원도 강릉에서 태어남.

- **1585년**
  초시에 급제함.

- **1589년**
  누이였던 허난설헌이 세상을 떠남.

- **1592년**
  임진왜란이 일어나 어머니와 함경도로 피난갔다가 교산으로 들어감.

- **1594년**
  세자시강원에 들어가 세자를 가르침.

1570년 　　 1580년 　　 1590년

- **1580년**
  손곡 이달이 허균과 허난설헌에게 시와 학문을 가르침.

벗들

1611년
전라도 함열에서 유배 생활을 할 때 쓴 『성소부부고』를 펴냄.

1613년
한글 소설 『홍길동전』을 지은 것으로 추정함.

1614년
호조참의, 천추사가 되어 중국에 사신으로 파견됨.

『성소부부고(惺所覆瓿藁)』는 허균이 역적으로 몰려 잡혀가기 직전 이미 죽음을 예감한 바로 그 순간에도 혹시 의금부에 압수당해 유실될 것을 두려워해 다른 무엇보다도 먼저 은밀하게 출가한 딸의 집으로 보낼 만큼 아꼈던 문집이었다.

1606년
주지번에게 주었던 『난설헌집』이 간행됨.

1618년
역모 혐의로 목숨을 잃음.

1600년 — 1610년 — 1620년

1608년
강변칠우 등 서자들이 서얼 차별의 폐지를 주장하는 상소를 올렸으나 받아들여지지 않음.

1613년
문경 새재에서 은상 살해 사건이 일어남.

1613년
이이첨의 사주를 받은 박응서의 거짓 진술로 역모 사건으로 변하게 되어 강변칠우들이 목숨을 잃음.

작가의 말

홍길동을 아냐고 물으면 꽤 많은 친구들이 손을 들 거예요. 맞아요, 홍길동은 참 유명한 이름이에요. 은행이나 동사무소 같은 곳에서도 서류를 어떻게 작성하는지 예를 들 때 홍길동이란 이름을 쓸 정도니까요.

홍길동은 허균이 쓴 『홍길동전』이라는 한글 소설의 주인공 이름이에요. 그런데 홍길동이 유명한 것에 비해 허균이란 이름을 들어 본 친구들은 몇 명이나 있을까요?

허균은 조선 중기 삼척 부사를 지낸 허엽의 셋째 아들이었어요. 삼척 부사란 힌트에서 알아차렸겠지만 허균은 양반이었어요. 허균은 어려서부터 시를 쓰고 어려운 문장도 척척 읽을 만큼 영특했다고 해요. 당연히 과거 시험도 수월하게 통과했지요. 엄청 출세해서 영의정, 좌의정 같은 높은 자리에 올랐겠지요? 그런데 허균은 제대로 된 관직도 얻지 못한 채 불운하게 지낸 것으로 알려져 있어요. 왜 그랬을까요?

조선은 철저한 신분제 사회였어요. 양반은 양반끼리만 어울렸지요. 그런데 허균 주위엔 유난히 가난하고 힘없는 친구들이 모였어요. 특히 서자 출신들이 많았지요. 아무리 양반집에서 태어났어도 서자 출신들은 사람 취급을 받지 못했어요. 허균은 서자들과 마음을 열고 친구로 지냈어요. 당시 사회적 분위기를 생각하면 그건 굉장히 큰 사건이었지요.

  이 책은 허균과 서자 친구들이 주인공이에요. 물론 이이첨 같은 높은 자리에 오른 양반도 나오지요. 허균은 이이첨 같은 양반이 아니라 그 친구들과 더 친하게 지내고 우정을 나눠요. 하지만 안타깝게도 그 우정도 오래가지 않아요. 뜻하지 않은 역모 사건으로 친구들을 모두 잃게 되는 슬픈 사건이 일어났거든요. 어쩌면 허균이 『홍길동전』을 쓴 건 안타깝게 세상을 떠난 그 친구들 때문일지도 모르겠어요.
  어때요, 초라하고 보잘것없는 친구들과 우정을 나눈 허균의 마음이 참 따뜻하지요? 그 따뜻한 마음을 여러분도 같이 느꼈으면 좋겠어요.

— 정은숙

참고한 책

『허균 평전』, 허경진, 돌베게, 2002
『허균의 생각』, 이이화, 교유서가, 2014
『조선 최고의 명저들』, 신병주, 휴머니스트, 2006
『독서광 허균』, 김풍기, 그물, 2013
『할 말이 있다』, 허균 지음, 이경혜 옮김, 알마, 2011
『누추한 내 방』, 허균 지음, 김풍기 옮김, 태학사 2003
『조선인은 조선의 시를 써라』, 이이화, 김영사, 2008
『노컷 조선왕조실록』, 김남, 어젠다, 2012
『새로운 세상을 꿈꾼 사람들』, 이한, 청아출판사, 2010
『조선 괴서, 조작의 역사』, 이시언, 해례원, 2013
『조선의 포도대장』, 이수광, 한얼미디어, 2013
『조선의 출셋길, 장원급제』, 정구선, 팬덤북스, 2010
『난세에 간신 춤춘다』, 최용범·함규진, 페이퍼로드, 2010
『조선의 운명을 바꾼 15人』, 임채영, 케이디북스, 2011
『조선의 위대한 패배자들』, 임채영, 케이디북스, 2008

*이 책에 실린 사진은 소장하고 있는 곳과 저작권자의 허락을 받아 게재했습니다. 저작권자를 찾지 못하여 게재 허락을 받지 못한 사진에 대해서는 확인되는 대로 허락을 받도록 하겠습니다.

토토 역사 속의 만남

글을 쓰자, 세상을 바꾸는 글을 쓰자

초판 1쇄 2015년 10월 26일
초판 3쇄 2024년 3월 18일
글 정은숙 | **그림** 김선배
기획·편집 박설아
마케팅 강백산, 강지연
디자인 나무디자인 정계수

펴낸이 이재일 | **펴낸곳** 토토북
주소 04034 서울시 마포구 양화로11길 18, 3층(서교동, 원오빌딩)
전화 02-332-6255 | **팩스** 02-6919-2854
홈페이지 www.totobook.com | **전자우편** totobooks@hanmail.net
출판등록 2002년 5월 30일 제10-2394호
ISBN 978-89-6496-281-7 74810
　　　 978-89-6496-266-4 (세트)

ⓒ 정은숙, 김선배 2015
이 책은 저작권법에 의해 보호를 받는 저작물이므로 무단 전재 및 무단 복제를 금합니다.
잘못된 책은 구입하신 곳에서 바꾸어 드립니다.

제품명: 글을 쓰자, 세상을 바꾸는 글을 쓰자 | **제조자명**: 토토북 | **제조국명**: 대한민국 | **전화**: 02-332-6255
주소: 서울시 마포구 양화로11길 18, 3층(서교동, 원오빌딩) | **제조일**: 2024년 3월 18일 | **사용연령**: 8세 이상
* KC 인증 유형: 공급자 적합성 확인
* KC마크는 이 제품이 공통안전기준에 적합하였음을 의미합니다.
⚠ **주의** 책의 모서리에 다치지 않게 주의하세요.